小小科学馆 知识天天看

出口成章——

大话成语故事

策划：光玉
主编：郭漫

航空工业出版社

北京

内容提要

如果汉语是浩瀚的大海，成语就是其中美丽的贝壳，成语故事就是贝壳里的珍珠。成语作为语言的精华、历史的缩影、文明的积淀、智慧的浓缩，处处闪烁着睿智的光芒，是中华民族的文化瑰宝。成语故事则是历史文化的智慧凝结，是各个历史时代的产物，蕴含着丰富的历史知识和深刻的道理。

阅读成语故事，可以了解历史、通达事理、学习知识、积累优美的语言素材。希望本书能成为广大青少年学习中华文化的良师益友，为促进汉语的发展，起到应有的作用。

图书在版编目(CIP)数据

出口成章:大话成语故事/郭漫主编.--北京：航空工业出版社，2012.9（2020.7重印）
(小小科学馆)
ISBN 978-7-5165-0002-6

Ⅰ.①出… Ⅱ.①郭… Ⅲ.①汉语-成语-故事-儿童读物 Ⅳ.①H136.3-49

中国版本图书馆CIP数据核字(2012)第124898号

出口成章：大话成语故事
Chukouchengzhang:Dahuachengyugushi

航空工业出版社出版发行
(北京市朝阳区北苑2号院　100012)
发行部电话：010-84936597　010-84936343

北京一鑫印务有限责任公司印制　　全国各地新华书店经售
2012年9月第1版　　2020年7月第3次印刷
开本：700×1000　1/16　　印张：8　字数：240千字
印数：25001-30000　　定价：16.80元

前言

汉语言文字，是我国劳动人民的伟大创造。数千年来，它作为中华灿烂文化的载体，是世界上使用、传播最广的语言文字之一。

而成语，则主要是来源于中国古代的典籍以及民间的口语，是我们中华民族语言宝库中经过长期锤炼而形成的精练、形象而又富于表现力的固定词组或短语。中华五千年文明光辉灿烂，汉语三千年历史博大精深，中华成语璀璨夺目，蔚为壮观。

中华成语数量巨大，用浩如烟海来形容也不为过。它随着汉语语言文字的产生而产生，亦随着汉语语言文字的发展变化而不断地丰富和创新，源远流长，经久不衰。

中华成语作为历史的缩影、智慧的结晶、语言的精华、文明的积淀，处处闪烁着睿智的光芒，是中华民族的文化瑰宝。大多数成语不但华美简洁，出处更是凿凿有据。它能以寥寥数语来说明一个事理，具有说理深刻、生动形象、言简意赅的特点。

正确地运用成语，可以增强语言的感染力和说服力，但如果运用不当，就会贻笑大方。因此，我们必须正确学习成语，充分了解中华成语的原意、引申意。成语记录的历代王朝兴替、英雄成败以及可歌可泣、可悲可叹的历史事件，对于我们现代人来说，仍具有极重要的参考价值和现实意义。

在语言表达中恰当合理地运用成语，不仅可以使语句精练，条理清晰，形象生动，迅速提高语言能力，而且还能丰富、充实、增长历史知识，也不失为传承中华智慧的一种巧妙而简捷的方式。

希望本书能成为广大青少年理想的语言工具书，并能成为青少年学习中华文化的良师益友，为促进汉语的发展，起到应有的作用。

编　者

目录

一丝不苟

经典故事

明朝时候，皇上下令禁止宰杀耕牛，就是信奉回教的人也不例外。

一天，乡绅张静斋与举人范进相约去拜访高要县知县汤奉。汤知县置酒招待他们。席间，有位老者给汤知县送来了他与其他几个信回教的人拼凑起来的50斤牛肉，想要请他开禁允许宰杀耕牛。

汤知县一向贪赃受贿，而且他也是信奉回教的人，但上有禁令，他一时也不知该不该收下这份礼。于是就将此事讲给张静斋，并问道：“你是做过官的，你看我是接受还是不接受呢？”

张静斋摇头道：“这可千万使不得。你我都是做官的人，心中应当只有皇上，哪里顾得上信奉同一教的人？洪武年间，太祖皇上曾经私访刘老先生（刘伯温）家，正巧江南张王（指张士诚）送来一个菜坛子，当面打开一看，是一坛金子。太祖皇上大为恼火，次日就把刘老先生贬为青田县知县，后来又用毒药把他毒死了。”

汤知县见张静斋说得头头是道，不由得不信，于是急忙请教该如何处置为好。

刘伯温画像，出自1921年出版的由清代著名画家上官周创作的《晚笑堂竹庄画传》。

张静斋说道：“世叔可在这件事上大做文章。把那位老者抓起来，打他几十板子，再用一面大枷枷上，把送来的牛肉堆在大枷上面，并且在旁边出一张告示，说明他们胆大妄为，知法犯法。如果上面的人知道你办事这样一丝不苟，那么你升官发财就指日可待了。”

汤知县听了连连称是，便照此办理了。

文意解读

一点也不马虎。形容做事认真。

典故溯源

清·吴敬梓《儒林外史》第四回：“上司访知，见世叔一丝不苟，升迁就在指日。”

一字千金

经典故事

战国末年，大商人吕不韦经常往来于各地做买卖。一次他到赵国的都城邯郸去做买卖，遇到在赵国做人质的秦国公子异人。

异人是秦国太子安国君的儿子，但是因为安国君讨厌异人的母亲夏姬，因此把他送到赵国当人质。赵国由于与秦国交战，因此十分轻视异人。

吕不韦却从商人的角度看到了异人身上的价值，认为奇货可居，异人是稀有的值得投资的“货物”。于是他决心进行政治投机，出谋出资支持异人取得王位继承权。异人自然非常高兴，并表示有朝一日成为国君，必将与吕不韦共享天下。

于是，吕不韦立即带了大量财宝去秦国求见太子安国君十分宠爱的华阳夫人。

吕不韦竭尽全力说服没有生过儿子的华阳夫人认异人为自己的儿子，并通过她要求安国君派人将异人接回秦国，改名子楚。此后，安国君又答应华阳夫人的要求，立子楚为世子。

几年后，秦昭王去世，安国君做了国君，即秦孝文王。孝文王即位1年后死去，子楚如愿以偿，继任国君，称为秦庄襄王。

秦庄襄王当了秦王之后，为报答吕不韦的恩德，封吕不韦为丞相，成为一人之下、万人之上的显赫人物。

庄襄王在位仅3年便病死了，由他13岁的儿子政（赵姬所生）接替王位，便是历史上有名的秦始皇。秦始皇尊吕不韦为仲父，行政大权全操在吕不韦的手中。

在那个年代，商人的地位是很低的，通常都被人瞧不起。吕不韦虽然做了宰相，但文武百官都清楚他的过去，既看不起他，也不服他。吕不韦十分清楚自己的处境，知道必须想办法提高自己的声望。

文意解读

形容一篇文章价值很高，或者称赞一篇文章在修辞上特别出色，字字珠玑，不可多得。

典故溯源

汉·司马迁《史记·吕不韦列传》：“布咸阳市门，悬千金其上，延诸侯游士宾客有能增损一字者予千金。”

当时养士之风盛行，魏国的信陵君、楚国的春申君、赵国的平原君以及齐国的孟尝君，这四君子以其礼贤下士、广纳贤才并以此互相夸耀、竞争而闻名于各诸侯国。

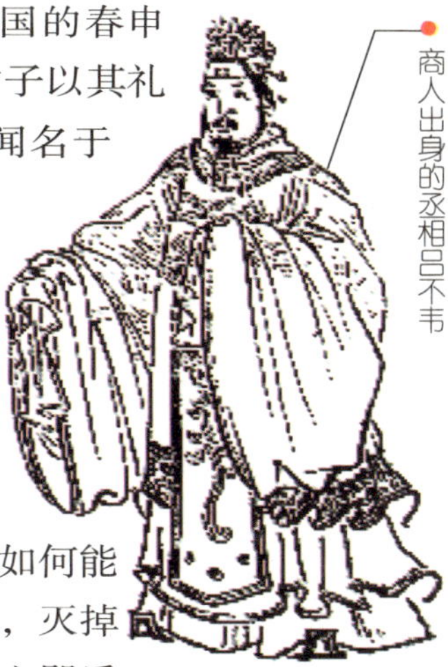

商人出身的丞相吕不韦

当时，各诸侯国中秦国实力最为雄厚，吕不韦心想：自己身为强大秦国的相国，但门下的宾客反而不如四君子多，委实令人羞愧。于是他派人四处招纳士人，并给他们优厚的待遇，后来他门下的宾客多达3000人。

有一天，吕不韦召集门客进行商议，看看如何能提高他的威望。有的门客建议吕不韦领兵出征，灭掉几个国家，立下战功，以此来树立威信。有人立即反对说："这办法有百害而无一利。即使打了胜仗，回来也升不了官，因为没有比丞相还高的职务了。重要的是战争风险太大，谁也没有必胜的把握，万一战争失利，结果就会适得其反。"

吕不韦接着问："还有其他好办法吗？"

过了一会儿，有一位门客说："我们大家都清楚，孔子是个大学问家，他著有《春秋》；孙子很会打仗，他写了《孙子兵法》。我想，如果我们也效仿前人，著书一部，既可以提高自己的地位，又可以为后人做贡献。"

吕不韦听了很高兴，就立即组织门客开始这项工作。他将书分门别类，编成"八览"、"六论"、"十二纪"3个部分，共计26卷，160篇，20多万字。吕不韦自以为这部书包罗天地万物古今之事，故得意地为之取名为《吕氏春秋》。

《吕氏春秋》综合先秦学术资料，内容以儒家思想为主，兼及名、法、墨、农及阴阳家言，内涵极其丰富深厚，不少早已湮没之流派赖此得以保存，因而成为研究先秦的一部十分重要的著作。除了在哲学史和思想史上有重大价值外，它也保存了先秦有关科学、文化、音律、天文历法、农技、战争思想等诸方面的珍贵史料，是战国末期的一部巨著。

书成后，吕不韦将《吕氏春秋》公布于咸阳的城门旁，并将千金悬挂于书的上面，广邀各诸侯国的游士宾客前来评阅。吕不韦许诺：如果有人能在书中恰当地增加一个字或减去一个字，就奖赏给他千金。"一字千金"便是由此而来。

一鸣惊人

文意解读

一鸣叫就使人震惊。比喻平时没有突出表现的人，一下子做出惊人的成绩。

典故溯源

《韩非子·喻老》：“虽无飞，飞必冲天；虽无鸣，鸣必惊人。”汉·司马迁《史记·滑稽列传》：“此鸟不飞则已，一飞冲天；不鸣则已，一鸣惊人。”

经典故事

战国时代，齐国有一个名叫淳于髡的人。他的口才很好，常常用一些有趣的隐语来规劝君主，使君主不但不生气，而且乐于接受。

齐威王本来是一个很有才智的君主，但即位以来却只爱游山玩水，饮酒作乐，国家大事从不放在心上，把一切政事都交给大臣去办理，自己则不闻不问。因此，政治不上轨道，官吏们贪污失职，再加上各国诸侯也都趁机来侵犯，使齐国濒临灭亡。一些大臣对齐威王的做法非常反感，可是，又都不敢提出意见。

淳于髡明白：齐威王是一个很聪明的人，他很喜欢说些隐语来表现自己的智慧。虽然他不喜欢听取别人的劝告，但如果劝告得当的话，他还是会接受的。鉴于此，淳于髡便想了一个巧计，准备找个适当的机会去劝谏齐威王。

一天，淳于髡去见威王说：“大王喜好猜谜语，我有个谜语想说给大王听听。”

威王连忙说：“你快说吧！”

淳于髡说：“大王，齐国有只大鸟，住在大王的宫廷中，已经整整3年了。可是它既不振翅飞翔，也不发声鸣叫，只是毫无目的地蜷伏着。大王您猜，这是一只什么鸟呢？”

齐威王本是一个聪明人，一听心里就明白了：原来是用鸟比喻我啊。说自己像那只大鸟一样，身为一国之君，却毫无作为，只知道享乐。于是，会心地笑了笑说：“这可不是一只普通的鸟呀！它不飞便罢，一飞起来就直冲云霄；它不鸣便罢，一鸣叫起来就能使人惊奇。”

从此齐威王不再沉迷于饮酒作乐，开始大力整顿国政。首先，他召见全国的官吏，尽忠负责的就给予奖励，腐败无能的则加以惩罚。结果全国上下很快振作起来，到处充满蓬勃的朝气。

齐威王能够做到不拘一格地任用贤才。他一面选用宗室中有能力的人为官，如田忌做将军，田盼子守高唐。一面又选用大批门第寒微的士人，委以重任。比如，因受妒而遭到迫害的著名军事家孙膑。孙膑从魏国逃归时本是刑余之人，是被追杀的囚犯，而到齐国后，以其丰富的军事理论和卓越的指挥才能，在田忌的推荐下，受到齐威王的信任和重用。

另一方面，齐威王着手整顿军事，强大武力，奠定国家的威望。各国诸侯不但不敢再来侵犯，甚至还把原先侵占的土地全都归还给了齐国。

齐威王的这一番作为，真可谓是"一鸣惊人"啊！

除了齐威王外，还有一个一鸣惊人的诸侯王，他就是楚庄王。

公元前 613 年，楚成王的孙子即位做了国君，就是赫赫有名的楚庄王。

楚庄王

楚庄王开始即位的几年，不问国事，终日在宫中饮酒嬉戏，并下令：有敢劝谏者斩。

当时的右司马问他："楚国的山上有一只大鸟，一连 3 年不飞不叫，请问大王这是一只什么鸟呢？"

楚庄王答曰："3 年不飞，一飞冲天；3 年不鸣，一鸣惊人。"

右司马大喜，方知庄王并非庸主。

楚庄王开始积极从事政务。他一改过去的做法，不再天天欣赏歌舞，而是积极地处理国家政事。他先整顿内政，起用有才能的人，将伍举、苏从提拔到关键的职位上去。

从此楚庄王一边改革政治，一边扩充军队，加紧练兵，准备与晋国决一死战，以雪"城濮之战"的耻辱。

后来，3 年未鸣的楚庄王也终于一鸣惊人，确立了他的霸主地位。

一诺千金

文意解读

许下的一个诺言有千金的价值。比喻说话算数，极有信用。

典故溯源

汉·司马迁《史记·季布栾布列传》："得黄金百，不如得季布一诺。"

经典故事

秦朝末年，在楚地有一个叫季布的人，性情耿直，为人侠义豪爽。只要是他答应过的事情，他都会设法办到，因此受到大家的赞扬。

季布曾经是项羽的部将，他很会打仗，曾经几次把刘邦打败，弄得刘邦很狼狈。后来项羽被围自杀，刘邦夺取了天下。刘邦每每想起败在季布手下的事，就十分生气。愤怒之下，刘邦下令缉拿季布，并下令有胆敢窝藏季布的要灭三族。

季布躲藏在濮阳一个姓周的人家。周家说："汉王朝悬赏捉拿你非常紧急，就要追踪搜查到我家来了。将军您能够听从我的话，我才敢给你献个计策；如果不能，我情愿先自杀。"

季布答应了他。周家便把季布的头发剃掉，用铁箍束住他的脖子，给他穿上粗布衣服，放在运货的大车里，将他和周家的几十个奴仆一同卖给鲁地的朱家。

朱家是关东一霸，素以"任侠"闻名。朱家明知道是季布，还是将他安置在田地里耕作，并且告诫他的儿子说："田间耕作的事，都要听从这个佣人的吩咐，一定要和他吃同样的饭。"

不仅如此，朱家还专程到洛阳去找汝阴侯夏侯婴，对他说："做臣下的各为其主，季布受项羽差遣，完全是身为臣子的职责所在，难道就因为是项羽的臣下就要被杀死吗？现在皇上刚刚夺得天下，却凭着个人的怨恨去追捕一个人，未免显得器量狭小了吧？再说，凭着季布的贤能，再这样穷追下去，难免他会向北投奔匈奴，或是向南逃到越地去。这种因忌恨勇士而帮了敌国的举动，就是伍子胥要鞭尸楚平王的原因啊。"

夏侯婴从小与刘邦很亲近，后来跟刘邦起兵，转战各地，为刘邦建立汉王朝立下了汗马功劳。他很同情季布的处境，在刘邦面前为季布说情，终于使刘邦赦免了季布。

在这个时候，许多有名望的人物都称赞季布能变刚强为柔顺，朱家也因此而在当时出了名。后来季布被汉高祖刘邦召见，表示服罪，刘邦任命他做了郎中。

汉文帝的时候，有人说季布很有才能，汉文帝便召见他，打算任命他做御史大夫。又有人说他很勇敢，但好发酒疯，难以接近。季布来到京城长安，在客馆居留了一个月，皇帝召见之后就让他回原郡。季布因此对皇上说："我没有什么功劳却受到了您的恩宠，在河东郡任职。现在陛下无缘无故地召见我，这一定是有人赞誉我来欺骗陛下；现在我来到了京城，没有接受任何事情，就此作罢，遣回原郡，这一定是有人在您面前毁谤我。陛下因为一个人赞誉我就召见，又因为一个人的毁谤而要我回去，我担心天下有见识的人听了这件事，就会窥探出您为人处事的深浅了。"

皇上默然不语，很难为情，过了很久才说道："河东对我来说是一个最重要的郡，好比是我的大腿和臂膀，所以我特地召见你啊！"于是季布辞别了皇上，回到了河东郡守的原任。

当时，有一个和季布同乡的人曹丘生，爱结交有权势的官员，借以炫耀和抬高自己，季布一向看不起他。他听说季布做了大官，一心想巴结他。于是，曹丘生特地请求皇亲国戚窦长君写一封信介绍自己给季布认识。

窦长君早就知道季布对曹丘生印象不好，劝他不要去见季布，免得惹出是非来，但曹丘生坚持要窦长君介绍。窦长君无奈，只好勉强写了一封推荐信，派人送到季布那里。

季布听说曹丘生要来，就虎着脸，准备见了面就数落他几句，让他下不了台。谁知曹丘生一进厅堂，不管季布的脸色多么阴沉，话语多么难听，对着季布又是打躬，又是作揖，要与季布拉家常叙旧，并吹捧他说："我们楚地有句俗语，叫做'得黄金百，不如得季布一诺'。您是怎样得到这么高的声誉的呢？您和我都是楚人，如今我在各处宣扬您的好名声，这难道不好吗？您又何必不愿见我呢？"

季布听了曹丘生的这番话，心里顿时高兴起来。不但留他住了几个月，作为贵客招待，临走还送给他一笔厚礼。曹丘生确实也照自己说过的那样去做，每到一地，就宣扬季布如何礼贤下士，如何仗义疏财。这样，季布的名声就越来越大了。

一箭双雕

文意解读

原指射箭技术高超，一箭射中两只雕。后比喻做一件事达到两个目的。

典故溯源

《北史·长孙晟传》：“尝有二雕飞而争肉，因以箭两支与晟，请射取之。晟驰往，遇雕相攫，遂一发双贯焉。”

经典故事

北周有一个智勇双全的人叫长孙晟。据说，他刚生下来的时候身体非常瘦弱，很多人见了之后，都认为他活不到成年。长孙晟的母亲却不这么认为，她觉得自己的儿子长大后一定会有很大的出息。

为让自己的儿子身体能够强壮起来，长孙晟的母亲在他 3 岁的时候，就经常让他到山上砍柴。就这样，长孙晟 8 岁的时候，他已经比同龄的男孩强壮多了，而且还有一份惊人的力量。一个 8 岁的小孩能搬起一个大人搬不起的石头，这让很多人惊讶不已。

长孙晟的母亲不仅想办法增强了他的体质，而且从小就让他看兵书，希望他长大后能成为一个能征善战的大将军。长孙晟很争气，没有让母亲失望，在经过多年的勤学苦练后，终于成为了北周的一名将军。

北周宣帝在位时，西北有一个少数民族——突厥。有一天，突厥的可汗摄图到北周求婚，希望能把王室的一个女子嫁给他，以维持两国的友好往来。周宣帝为了保持和突厥的友好关系，决定把赵王宇文招的女儿许配给他。当突厥的人来北周聘娶时，带来了很多骁勇的士兵，以此炫耀他们国家的强大。当时，北周也派出很多勇士和突厥的勇士比武，双方各有胜负。当时，长孙晟也在场，他一个人在顷刻之间打倒了 3 名突厥勇士，这让突厥的可汗很钦佩。在比试箭术时，长孙晟的箭艺也让在场的突厥人惊叹不已。

不久，北周要派人护送公主到突厥去。在考虑人选的时候，周宣帝一下子就想到了长孙晟，对他说：“长孙卿家，你武艺高超，就由你护送公主前往突厥吧。由你担任护将，我也放心啊。”

就这样，长孙晟便护送公主到突厥去了。他们一路上历经千辛万苦，终于到达了突厥。

摄图可汗本来就很敬重长孙晟，一见到他，非常高兴。于是大摆酒席，宴请长孙晟。酒过三巡，按照当地的习俗要比武助兴。摄图说："听说长孙兄武艺高超，尤其以箭术闻名于世，今天到我们突厥来，就露一手吧。"

于是，摄图命人拿来一张硬弓，要长孙晟射百步以外的铜钱。只见长孙晟拉弓射箭，硬弓被拉成弯月，一支利箭"嗖"地一声射进了铜钱的小方孔，博得大家的齐声喝彩。摄图看到如此精湛的箭艺，非常佩服长孙晟，一连敬了他三大碗酒。

酒后，摄图请求长孙晟在突厥住一段时间，长孙晟盛情难却，就答应了。在突厥的这段日子中，摄图经常让长孙晟陪同自己去打猎。久而久之，长孙晟的高超箭术就在突厥远近闻名了。

有一次，他俩正在打猎，摄图猛抬起头，看见天空中有两只大雕在争夺一块肉。他忙递给长孙晟两支箭说："能把这两只都射下来吗?"

长孙晟说："我试试看。"于是，他接过两支箭，策马驰去。这时，两只大雕正厮打得难舍难分。长孙晟搭上箭，拉开弓，对准两只雕"嗖"地射出一箭，两只大雕便串在一起掉落下来。在场的人顿时欢呼起来，连连称赞道："将军一箭双雕，真不愧是神箭手啊!"摄图也很高兴，命诸子弟贵人都与长孙晟亲近，学习其射箭的本事。

隋开皇二年（公元 582 年），突厥 40 万众攻隋，长孙晟通过沙钵略可汗之侄染干，诈告铁勒等造反，欲袭其牙帐，使沙钵略回兵出塞。三年，隋出兵大举反击突厥，沙钵略、阿波等均战败，长孙晟又乘机说服阿波可汗联结达头可汗归附于隋。随后突厥内乱，相互攻战不息。四年，长孙晟任副使，随尚书右仆射虞庆则出使突厥，回来后被拜为左勋卫车骑将军。五年，沙钵略上表称藩于隋，隋北部边患基本消除。

公元 601 年，长孙晟任受降使者，从行军元帅杨素援助启民可汗北击达头可汗。第二年，他同大将军梁默击退拒隋的突厥思力俟斤等，突厥军多降。随后多年，启民与隋朝一直保持着亲善关系。隋炀帝即位后，拜长孙晟为左领军将军。时并州总管汉王杨谅起兵造反，炀帝任其为相州刺史，发山东兵马，与上大将军李子雄共同负责这件事。平定杨谅之后，长孙晟转武卫将军，后为右骁卫将军。大业五年（公元 609 年）卒。

长孙晟一生同突厥交往达 20 多年，善于因机制变，为保持隋朝北境的安宁及促进民族融合做出了重大贡献。

人杰地灵

经典故事

王勃、杨炯、卢照邻和骆宾王被称为“初唐四杰”，其中又以王勃最为出名。王勃自幼聪明好学，诗文出众，七八岁时文章就已经写得很好，被人们赞为“神童”。他 14 岁被推举出仕，17 岁时被授官朝散郎。

初唐四杰（左上：王勃，右上：杨炯，左下：卢照邻，右下：骆宾王）

文意解读

杰出的人出生或到过的地方就会成为名胜。后指灵秀之地出杰出人物。

典故溯源

唐·王勃《滕王阁序》：“物华天宝，龙光射牛斗之墟；人杰地灵，徐孺下陈蕃之榻。”

公元 663 年的九月初九重阳节，洪州都督阎伯屿在重新修建的滕王阁大宴宾客。王勃正好路过此地，也应邀参加。阎都督的女婿很会写文章，阎都督叫他事先写好一篇序文，以便当众炫耀一番。

酒过三巡，阎都督起身说：“今天洪州的文人雅士欢聚一堂，不可不记下这次盛会。各位都是当今名流，请写赋为序，使滕王阁与妙文同垂千古。”但是大家推来推去，没有一个人动笔。后来推到了王勃面前，只见王勃略加思索，便挥笔疾书。整篇《滕王阁序》一气呵成，字字珠玑，句句精妙。众人争先观看，赞叹不已。

最令阎都督吃惊的是，其中有这样的句子：“物华天宝，龙光射牛斗之墟；人杰地灵，徐孺下陈蕃之榻。”

原来，王勃在这里用了两个典故。前一个典故是说，物有精华，天有珍宝，龙泉剑的光芒直射天上二十八星宿中的斗宿和牛宿之间。意思是洪州有奇宝。后一个典故是说，东汉人徐孺家贫而不愿当官，但与太守陈蕃是好朋友。陈蕃特地设一只榻，专供接待徐孺之用。意思是洪州有杰出的人才。

万事俱备，只欠东风

经典故事

公元 208 年，曹操 20 余万大军向长江推进，驻扎在长江中游的赤壁，企图打败刘备以后，再攻打孙权。

与此同时，刘备在樊城（今湖北襄阳）驻守。他听到曹操大军南下，决定把人马撤退到江陵（今湖北江陵）。曹操赶到樊城，听说刘备向江陵撤退，又打听到刘表在江陵积了大批军粮，怕被刘备占去，于是亲自率领 5000 轻骑兵追赶刘备。刘备的人马被追来的曹操骑兵冲杀得七零八落。

被曹军打败后在退军途中，刘备派诸葛亮赴柴桑（今江西九江西南）会见孙权，想说服孙权一起抵抗曹操。正好孙权怕荆州被曹操占领，也想和刘备一起抗曹。

文意解读

一切都准备好了，只差东风没有刮起来，不能放火。比喻什么都已准备好了，只差最后一个重要条件了。

典故溯源

明·罗贯中《三国演义》第四十九回：“孔明索纸笔，屏退左右，密书十六字曰：欲破曹公，宜用火攻；万事俱备，只欠东风。”

诸葛亮对孙权说：“刘将军虽然此次战败，但是还有水军两万。曹操兵马虽多，远道追来，兵士也已筋疲力尽。北方人不习惯水战，荆州人对他们不服。只要我们同心协力，一定能够打败曹军。”孙权听后大喜，于是命周瑜为主将，程普为副将，率 3 万精锐水军，联合屯驻樊口（今湖北鄂州境）的刘备军，共约 5 万人沿长江西进，迎击曹军。

当时，孙权和刘备兵力都少，而曹操兵多将广，占据压倒性优势。刘备的军师诸葛亮和孙权的大将周瑜共同商讨破敌良策，两人不谋而合，都主张用火攻打败曹操。

周瑜用反间计，让曹操杀死曹军中熟悉水战、可以抵挡他们的将领蔡瑁、张允；又叫庞统假装献计，骗曹军把战船连在一起；再让老将黄盖用“苦肉计”诈降曹操。实际上，黄盖在船中装满了容易燃烧的物品准备以诈降的方式冲向曹营，发起火攻。

可等一切都准备好后，周瑜却发现曹操的船只都停在大江的西北，而自己的船只靠在南岸。此时正值冬季，只有西北风，如果用火攻，不但烧不着曹操，反而会烧到自己这边，只有刮东南风才能对曹军发起火攻。周瑜忧急成病，卧床不起。诸葛亮心中早已有数，他自称有个秘方可以治好周瑜的病。诸葛亮拜访周瑜，把药方写了出来：欲破曹公，宜用火攻；万事俱备，只欠东风。

周瑜一看，大吃一惊，心想：诸葛亮真乃神人。心思既然已被他猜中，不如干脆向其请教破敌之策。诸葛亮通过他丰富的天文气象知识，预测到近期会刮几天东南风，就对周瑜说："我有呼风唤雨的法术，借给你三天三夜的东南大风，如何？"周瑜高兴地说："莫说三天三夜，只一夜东南大风，大事便可成功。"

周瑜命令部下做好一切火攻准备，等候诸葛亮借来东风，马上进兵。诸葛亮让周瑜在南屏山修筑七星坛，然后登坛烧香，口中念念有词，装作呼风唤雨的样子。

周瑜画像，出自1921年出版的由清代著名画家上官周创作的《晚笑堂竹庄画传》。

半夜三更，忽听风响旗动，周瑜急忙走出军帐观看，真的刮起了东南大风，他连忙下令发起火攻。黄盖率艨艟（一种用于快速突击的小船）斗舰数十艘，满载干草，灌以油脂，并巧加伪装，插上旌旗，同时预备快船系挂在大船之后，以便放火后换乘，然后扬帆出发。当时，江上正猛刮着东南风，战船航速很快，迅速向曹军阵地接近。曹军望见江上船来，均以为这是黄盖如约前来投降，皆"延颈观望"，丝毫不加戒备。

黄盖在距曹军水寨1千米处时，下令各船同时点火。一时间"火烈风猛，船往如箭"，直冲曹军战船。而曹军船只首尾相连，分散不开，移动不得，顿时便成了一片火海。这时，大风还在不停地猛刮，熊熊烈火遂向岸上蔓延，一直烧到了岸上的曹军营寨。曹军将士被这突如其来的大火烧得惊慌失措、溃不成军，烧死、溺死者不计其数。

在烟火弥漫中，曹操仓皇逃命，从小道退回许都。这场赤壁鏖兵至此遂以孙权、刘备方面大获全胜而宣告结束。

亡羊补牢

经典故事

战国时期，楚国的楚襄王即位后，重用奸臣，政治腐败，国家一天天衰亡下去。楚国有一个大臣，名叫庄辛，看到这种情况非常着急。

有一天，庄辛对楚襄王说："你在宫里和一些人专门讲究奢侈淫乐，不管国家大事，国家迟早会灭亡啊！"

楚襄王听了怒骂道："你这老糊涂，竟敢这样诅咒楚国，说这些险恶的话来惑乱人心！"

庄辛不慌不忙地回答说："我实在是感觉事情会发展到那个地步，不敢故意说楚国有什么不幸。如果你不信我的话，请允许我到赵国躲一躲，看事情究竟会怎样。"就这样，庄辛见楚襄王不纳忠言，只好躲到赵国。

庄辛到赵国才住了5个月，秦国果然派兵攻打楚国，楚国几乎没有怎么抵抗就被秦国攻陷了都城郢城。楚襄王惶惶如丧家之犬，逃到阳城（今河南方城东）。到这时，他想起庄辛的忠告，才觉得庄辛的话是对的。于是他又悔又恨，派人把庄辛迎请过来，说："过去因为我没听你的话，所以才会弄到这种地步。现在，你看还有办法挽救吗？"庄辛说："主公果真有悔改之意吗？那我给你讲一个故事吧。"于是，庄辛讲道：

从前，有人养了一圈羊。一天早晨，他发现少了一只羊，仔细一查，原来羊圈破了个窟窿，夜间狼钻进来把羊叼走了一只。邻居劝他说："赶快把羊圈修一修，堵上窟窿吧！"那个人不肯接受劝告，回答说："羊已经丢了，还修羊圈干什么？"第二天早上，他发现羊又少了一只。原来，狼又从窟窿钻进来，叼走了一只羊。他很后悔自己没听邻居的劝告，便赶快堵上窟窿，修好了羊圈。从此，狼再也不能钻进羊圈叼羊了。

楚襄王明白庄辛的意思，急切地问："庄爱卿，那我们该怎么办呢？"

于是，庄辛给楚襄王分析了形势，认为楚国都城虽被攻陷，但只要振作起来，秦国是灭不了楚国的。楚襄王照庄辛的话去做，果真渡过了危机，振兴了楚国。

文意解读

羊逃跑了再去修补羊圈，还不算晚。比喻出了问题以后想办法补救，可以防止继续受损失。

典故溯源

《战国策·楚策》："见兔而顾犬，未为晚也；亡羊而补牢，未为迟也。"

口蜜腹剑

经典故事

开元年间的盛世繁华让唐玄宗渐渐滋长了骄傲怠惰的情绪，开始追求享乐的生活。

宰相张九龄看到这种情况，心里很着急，常常给唐玄宗提意见，让唐玄宗大为恼火。

那时有个大臣叫李林甫，是个不学无术的人。他什么事都不会，专学了一套阿谀奉承、曲从拍马的本领。他和宫内的宦官、妃子勾结，探听宫内的动静。唐玄宗在宫里说些什么，想些什么，他都先摸了底。等到唐玄宗找他商量什么事，他就事事投其所好，跟唐玄宗想的一模一样。

张九龄画像，出自1921年出版的由清代著名画家上官周创作的《晚笑堂竹庄画传》。

唐玄宗觉得李林甫很能干，比张九龄强多了，就想把他提为宰相。唐玄宗在跟张九龄商量这件事时，张九龄直截了当地说：“宰相的地位关系到国家的安危。陛下如果拜李林甫为相，只怕将来国家要遭受灾难。”这些话传到李林甫的耳朵里，李林甫把张九龄恨得咬牙切齿。

又有一次，唐玄宗找张九龄商量提拔牛仙客的事，张九龄还是不同意。唐玄宗很生气，厉声说：“难道什么事都得由你做主吗！”

唐玄宗本来很尊重张九龄，但是到了后来，对于张九龄的建议，唐玄宗越来越觉得讨厌，加上听信了李林甫的诽谤，最后找了个借口撤了张九龄的职，让李林甫当了宰相。

李林甫当上宰相的第一件事就是要把唐玄宗和百官隔绝，不许大家在玄宗面前提意见。

文意解读

嘴上说得很甜美，心里却怀着害人的主意。形容人阴险。

典故溯源

宋·司马光《资治通鉴·唐纪·玄宗天宝元年》：“世谓李林甫‘口有蜜，腹有剑’。”

有一次，他把谏官召集起来，公开宣布说："现在皇上圣明，做臣下的只要按皇上旨意办事，不用大家七嘴八舌。你们没看到立仗马（一种在皇宫前作仪仗用的马）吗？它们吃的饲料相当于三品官的待遇，但是哪一匹马要是叫了一声，就被拉出去不用，后悔也来不及了。"

有一个谏官不听李林甫的话，上奏本给唐玄宗提意见。第二天，就接到命令，被降职到外地去做县令。大家都知道这是李林甫做的手脚，以后谁也不敢向玄宗提意见了。

李林甫妒忌心极强，凡是大臣中能力比他强的，他就千方百计地把他们排挤掉。他要排挤一个人，表面上不露声色、笑脸相待，却在背地里暗箭伤人。

有一次，唐玄宗在勤政楼上隔着帘子眺望，兵部侍郎卢绚骑马经过楼下。唐玄宗看到卢绚风度很好，随口赞赏几句。

第二天，李林甫得知这件事，就把卢绚降职为华州刺史。卢绚到任不久，又被人诬说身体不好，不称职，再一次被降了职。像卢绚这样遭到暗害的官员真是数不胜数。

有一个官员叫严挺之，被李林甫排挤在外地当刺史。后来，唐玄宗想起他，跟李林甫说："严挺之还在吗？这个人很有才能，还可以用他。"李林甫说："陛下既然想念他，我去打听一下。"

退了朝，李林甫连忙把严挺之的弟弟找来，说："你哥哥不是很想回京城见皇上吗，我有一个办法。"

严挺之的弟弟见李林甫这样关心他哥哥，当然很感激，连忙请教该怎么办。李林甫说："只要叫你哥哥上一道奏章，就说他得了病，请求回京城来看病。"

严挺之接到他弟弟的信，真的上了一道奏章，请求回京城看病。李林甫就拿着奏章去见唐玄宗，说："真是太可惜了，严挺之现在得了重病，不能干大事了。"

唐玄宗惋惜地叹了口气，也只好作罢了。

李林甫当了 19 年宰相，一个个有才能的正直的大臣全都遭到排挤，一批批钻营拍马的小人都受到重用提拔。但是，不管李林甫装扮得怎么巧妙，他的阴谋诡计最终被人们识破。人们就说李林甫这个人是"嘴上像蜜甜，肚里藏着剑"。

大义灭亲

文意解读

为了维护正义，对犯罪的亲属不徇私情，使其受到应得的惩罚。

典故溯源

《左传·隐公四年》："大义灭亲，其是之谓乎。"

经典故事

春秋时期，卫国的国君卫桓公有一个弟弟叫州吁，生活骄奢淫逸，为人霸道，最后被卫桓公驱逐出国境。

十几年后，州吁和他的一些党羽潜回国内，刺死哥哥卫桓公，自立为国君。他夺取王位后，不得人心，激起人民不满。州吁为此感到很害怕，便召来心腹大臣石厚商量办法。

石厚是卫靖伯的重孙子，父亲石碏是卫国当时很有名望的大臣，非常有才干。石厚就去问他的父亲，怎样才能巩固州吁的统治地位。

石碏对儿子说："诸侯即位，只要得到周天子的许可，贤能被大家公认，他的地位就能巩固。"石厚发愁了："可是州吁是杀死哥哥谋位的，要是周天子不许可，那怎么办？"

石碏说："陈桓公很受周天子的信任，陈、卫又是友好邻邦……"

石厚没等父亲把话说完，就抢着说："你是说去请陈桓公帮忙？"石碏点了点头。

石厚高高兴兴地回去向州吁献策。于是州吁和石厚备了重礼去陈国请求陈桓公帮忙，没想到却被陈桓公扣留了。

原来，这都是石碏的安排。石碏先把州吁和石厚骗到陈国，又暗中给陈桓公写了一封密信，信上说："卫国地偏国小，而老夫我也是年纪老迈，无能为力，只好劳驾陈桓公您帮忙。这两个人，实际上是刺杀我们国君的叛逆者，请求陈桓公主持公道。"

陈桓公请卫国派人处置，卫国的大臣们认为石厚是石碏的儿子，应该从宽。石碏却认为自己的儿子助纣为虐，做尽坏事，理应处死。于是派自己的家臣到陈国去，把石厚杀了，然后迎立桓公的弟弟公子晋为国君。

《春秋》称赞石碏说："石碏，纯臣也，恶州吁而厚与焉，大义灭亲，其是之谓乎？"认为石碏为了国家的利益杀死自己的儿子是大义灭亲。

大材小用

经典故事

辛弃疾是我国南宋时期著名爱国词人，父亲早死，由祖父抚养成人。

辛弃疾曾拜当时著名的田园诗人刘瞻为师，他与党怀英都是刘瞻最得意的学生。有一次，刘瞻问他们：“孔子曾经要学生谈各人的志向，我也问问你们，将来准备干什么？”

党怀英回答说：“读书为了做官，为了取得功名，光宗耀祖。我一定要到朝廷里去做大官；如果做不了官，就回家隐居，和老师一样写田园诗。”

刘瞻听了很高兴，连连称好，认为他的志向很崇高。辛弃疾却回答说：“我不想做官，我要用词写尽天下的贼，用剑杀尽天下的贼！”刘瞻听了大吃一惊，要辛弃疾今后再不要说这样荒唐的话。

此后，辛、党两人的生活道路截然不同：辛弃疾英勇地投身到抗金的战场上去，以爱国词人著称于世；而党怀英则混迹于金人统治集团，为金人做了一些帮闲乃至帮凶的工作。

当时，中国北方人民受着金人统治，时刻怀有反抗的心。这时，趁金人南侵之际，后方空虚，人民便纷纷起义。当时21岁的辛弃疾率领2000多人组成抗金队伍，投奔到当时最大的起义军耿京的队伍中。

金人的这次南侵不仅以失败告终，金主完颜亮也被部下杀死。而且，后方金人朝廷内部也发生政变，留守的完颜雍自立为帝。在这种情况下，金人只好退兵。

辛弃疾认为，这正是南北联合夹击金人、

文意解读

把大的材料当成小的材料用。比喻使用不当，浪费人才。

典故溯源

宋·陆游《送辛幼安殿撰造朝》诗：“大材小用古所叹，管仲萧何实流亚。”

收复失地的最好机会，便建议耿京联络南宋朝廷。宋高宗接受了耿京的提议，并委耿京、辛弃疾等人以官职，让他们北上传达一起抗金的旨意。

然而，就在一行人北上的途中，耿京手下张安国被金人收买，杀了耿京，并率众投降了金。辛弃疾得知消息后愤怒异常，带着骑兵50人，连夜奔驰500里，以迅雷不及掩耳之势，冲入拥兵5万之众的金军大营，把正在庆功酣饮的叛徒张安国缚在马上，押往建康斩首示众。辛弃疾的胆识和勇气震动了整个朝廷内外。

但由于投降派的排挤和打击，辛弃疾没有得到朝廷的重用，他的抗击金国收复失地的抱负始终没有得到施展。

25岁那年，辛弃疾将其救国大计《美芹十论》进呈孝宗，未被采纳。30岁时，辛弃疾又书《九议》送交宰相虞允文，仍不见用。到了39岁，辛弃疾任浙东安抚使，建立了一支“飞虎军”，成为沿江抗金劲旅。不幸，两年后反被人诬陷，削职退隐。尔后又长期遭受排斥打击，但其救国复兴之志从未放弃。

当辛弃疾64岁那年，有一次去拜访住在绍兴西郊的著名爱国诗人陆游。陆游比辛弃疾大15岁，当时快80岁了，他的爱国诗句早已为辛弃疾所景仰。两人一起谈论国家大事，相见恨晚。陆游听了辛弃疾对形势的分析和统一全国的设想，觉得他是一个很有才能的人，希望他在事业上取得成功。

次年春，宋宁宗降旨，召辛弃疾入京城临安，征询他对北伐金国的意见。

辛弃疾把这件事告诉陆游，陆游觉得这是辛弃疾施展自己才能、报效国家的大好机会，因此也替他感到高兴。

为了鼓励辛弃疾，陆游还写了一首长诗赠给他。诗的大意是：辛弃疾是古代著名政治家、军事家管仲、萧何一类的人物，现在却任浙江东路安抚使，实在是把大的材料用在小处。陆游以此诗鼓励辛弃疾为恢复中原而努力，千万不要因为受到排挤不得志而介意。

可惜辛弃疾这次仍没有得到重用，最后宋朝还是向金求和了。就这样，文武全才的辛弃疾一生壮志未酬，雄图莫展，在68岁时含愤辞世。

尽管辛弃疾南归后无法施展抱负，但他统一中原的信念始终没有动摇。他写了600多首词，反映了当时山河破碎、南北分裂的事实，抒发了自己昂扬奋发的报国热情，表达了自己壮志难酬的悲愤和对朝廷主降苟且的批判，被后世誉为爱国词人。

不堪回首

经典故事

唐朝末年，藩镇势力和农民起义军发展壮大，中国由此进入了五代十国时期。

“五代”是指从公元907年朱温建立梁朝开始的50多年里，中原地区前后换了5个短暂的王朝——梁、唐、晋、汉、周。为了跟以前相同名称的王朝区别，历史上把它们称作后梁、后唐、后晋、后汉、后周。

五代时期，在南方和山西地区，还有许多割据政权，有的称帝，有的称王，前后一共建立了9个国家——吴、南唐、吴越、楚、闽、南汉、前蜀、后蜀、南平，加上在北方建立的北汉，一共是10个国家。

这些国家对外连年征战，对内横征暴敛，人民苦不堪言。再加上北方契丹族的掠夺，使得消灭军阀割据、建立统一国家成了这一时期人民最强烈的呼声。

李煜就是盘踞在长江中下游地区的南唐国最后一位皇帝，也称南唐后主或李后主。少年时，他把精力全部放在读书上，不仅工词，且善书画、晓音律，对艺术有很高的鉴赏力。

18岁时，李煜与大司徒周宗的女儿结婚，夫妻二人弹琴赋词，夫唱妇随，很是幸福美满。但此时中原的后周，在世宗柴荣的改革整顿下已日渐强大。世宗皇帝抗击北汉、攻打西蜀，安定了中原，使开封成为全国的政治、军事中心。统一成为历史发展不可逆转的趋势。

公元960年，赵匡胤发动陈桥兵变，代周建立北宋，成为赫赫有名的宋太祖。宋太祖在赵普的建议下，采取先南后北的统一计划。他

南唐后主李煜是位著名的词人，其亡国后所写的词大都表现了亡国之痛，沉痛悲凉，荡气回肠，堪称千古佳作。

文意解读

指对过去的事情想起来就会感到痛苦，因而不忍去回忆。常用来表示对巨大的人事变迁的感慨。

典故溯源

唐·戴叔伦《哭朱放》：“最是不堪回首处，九泉烟冷树苍苍。”又见于《南唐二主词·李煜〈虞美人〉》：“小楼昨夜又东风，故国不堪回首月明中。”

花了 10 年时间，先后消灭了南平、后蜀、南汉。这样，南方的割据政权只剩下南唐和吴越两国。

公元 961 年，李煜在金陵（今南京）即位。做了帝王的李煜，仍醉心于书画。在宫中笙歌燕舞，游玩赋词，沉缅于声色美女。

公元 974 年 9 月，宋太祖派大将曹彬、潘美带领 10 万大军分水陆两路攻打南唐。此时的李后主还蒙在鼓里，正在宫中跟一批和尚道士诵经讲道呢。

有一天，他到城头上巡视，发现城外到处飘扬着宋军的旗帜，这才大吃一惊，回宫以后，派大臣徐铉去向宋太祖求和。

徐铉的几次求和都遭到宋太祖的拒绝。曹彬派人进城告诉李后主，劝他趁早投降，免得城里百姓惨遭涂炭。李后主还想拖延下去，曹彬就下令攻城。

次日城破之后，李后主叫人在宫里堆了柴草，准备放火自焚，但却没有这个勇气，最后还是带着大臣走出宫门，向曹彬投降。李后主从一个尽情享乐的国君变成了一个亡国的俘虏。

从皇帝变为俘虏，李煜终日以泪洗面。春花秋月，冷雨晨风，甚至天上的一片浮云都能触动他的愁绪，勾起他的苦闷。

公元 978 年 7 月 7 日是李煜的生日。当晚，他回想起过去做帝王时的笙歌鼎沸，又想一想眼前愁苦的囚居生活，百感交集，无法排遣。于是那首脍炙人口的《虞美人》诞生了：

春花秋月何时了？往事知多少。小楼昨夜又东风，故国不堪回首月明中。

雕栏玉砌应犹在，只是朱颜改。问君能有几多愁？恰似一江春水向东流。

这首词的大意是：春花秋月什么时候才能完结，过去欢乐的宫庭生活已经逝去。昨夜在小楼上听到窗外又刮起了东风，在皎洁的月光下，回想起了生养自己的故国，这种精神上的痛苦真是难以忍受。华丽的宫殿应该还存在吧，只是红润的容颜变得苍白、憔悴了。问君到底有多少哀愁？这哀愁像一江春水，滚滚流向东方，日夜不息。

“不堪回首”这句成语，现在多用以表达不忍再去回忆过去的惨痛经历或情景。

开卷有益

经典故事

宋太宗即位后，使用政治压力，迫使吴越王钱俶和平海节度使陈洪进于太平兴国三年（公元978年）纳土称臣。

太平兴国四年（公元979年）五月，宋太宗亲临太原城下，督诸将四面攻城，北汉王刘继元在孤城无援、众叛亲离的情况下，被迫奉表出降，北汉灭亡。至此，五代十国分裂割据的局面结束。

宋太宗在位期间，为了进一步加强中央集权，尽罢节度使所领支郡，并将各节度使调至开封，解除他们的兵权，使节度使成为一种虚衔，彻底消除拥兵割据之祸。

宋太宗命李昉等人编辑了规模宏大的类书《太平御览》。

文意解读

只要读书就会有所收获。常用以激励人们勤奋好学，多读书就会受益。

典故溯源

宋·王辟之《渑水燕谈录·文儒》："太宗日阅《御览》三卷，因事有阙，暇日追补之，尝曰：'开卷有益，朕不以为劳也。'"

宋太宗统一全国后，立志宏扬传统文化，命令文臣编辑了一部规模宏大的分类百科全书《太平御览》。这部书原名《太平总类》，因宋太宗按日阅览，遂题为《太平御览》，简称《御览》。此书始编于太平兴国二年（公元977年），成于八年（公元983年），共1000卷，分55门，引书浩博，多至1690种，其中汉人传记100余种，旧地志200余种，都是现在不传之书。为保存和发扬我国的文化遗产，做出了重要的贡献。

《太平御览》编成后，宋太宗对它非常重视，虽然政事繁忙，但仍规定自己每天看3卷。有时因故未能按计划阅读，就在空暇的时间补读。侍臣怕他太劳累，影响身体健康，劝他多休息。宋太宗说："只要翻开书卷阅读，就会有收益，所以我不觉得疲劳。"一年后将书全部看完，因而改名为《太平御览》，意思是太平兴国年间皇帝亲自阅读的书。

乐不思蜀

经典故事

三国时期，魏、蜀、吴三国各据一方，为争夺霸主的统治地位征战不休。其中，刘备管辖割据的地方称为蜀。

刘备死后将王位传给了儿子刘禅（小名阿斗），并请丞相诸葛亮辅佐刘禅治理国家。刘禅当了皇帝后，每天只知道吃喝玩乐，根本不理朝政，还好有诸葛亮辅政，蜀国才能一直很强盛。后来，辅佐刘禅的人先后去世，他自己又软弱无能，偏听偏信，因此把国家治理得越来越糟糕，国势日趋衰弱，最后被魏国灭掉。

为了安抚刘禅，司马昭封他为安乐公。虽然知道刘禅无能，但对他还是有点儿怀疑，怕他心里存着东山再起的野心，于是要试一试他。

有一天，司马昭请刘禅吃饭，故意叫人来表演蜀国的杂耍，想羞辱一下这些蜀国人。蜀国的旧大臣们看到这些杂耍，都非常难过，可是，刘禅却高兴地拍着手说：“好！好！真好看！”没有一点儿伤心的样子。

还有一次，司马昭故意问刘禅说：“你思念蜀地吗？”刘禅回答道：“这里很快乐，我不思念蜀地。”过了一会儿，刘禅起身上厕所，原在蜀汉任职的近臣跟到廊下，暗地里对刘禅说：“今后大将军再问您是否还思念蜀地，您应该哭着说，我没有一天不思念。这样，您还有希望回到蜀地去。”

果然不久，司马昭又问到这个问题，刘禅就装着悲痛的样子，照这话说了一遍，但又挤不出眼泪，只好闭着眼睛。司马昭忍住笑问他：“这话是人家教你的吧？”刘禅睁开眼睛，吃惊地说：“是呀，正是人家教我的，你是怎么知道的？”

司马昭听后，心里窃笑：“真是个扶不起的阿斗呀！难怪会亡国！”

文意解读

很快乐，不思念蜀国。比喻在新环境中得到乐趣，不再想回到原来的环境中去。

典故溯源

晋·陈寿《三国志·蜀书·后主传》裴松之注引《汉晋春秋》：“问禅曰：‘颇思蜀否？’禅曰：‘此间乐，不思蜀。’”

以卵击石

经典故事

墨子是春秋末战国初的思想家、政治家，墨家学派的创始人。

墨子曾做过宋国大夫，师从于儒者，学习孔子之术，称道尧舜大禹，学习《诗》、《书》、《春秋》等儒家典籍，且兼容并蓄，最终形成自己的墨家学派。他主张：兼爱、非攻、尚贤、尚同、节用、节葬、非乐、天志、明鬼、非命，其中以兼爱为核心，以节用、尚贤为基本点。

墨子博学多才，擅长工巧和制作。他曾制成“木鸢”，据说飞在天空中 3 天 3 夜没有掉下来。

文意解读

用鸡蛋去碰石头。比喻不量力而为，自取灭亡。

典故溯源

《墨子·贵义》：“以其言非吾言者，是犹以卵投石也。尽天下之卵，其石犹是也，不可毁也。”

墨子还在名辩方面成就斐然，成为战国时期名辩思潮的渊源之一。墨子的事迹，在《荀子》、《韩非子》、《庄子》、《吕氏春秋》、《淮南子》等书中有所体现，他的思想主要保存在墨家弟子所编写的《墨子》一书中。

有一年，墨子前往北方的齐国。途中遇见一个叫“曰”的人，对墨子说：“您不能往北走，今天天帝在北边杀黑龙，你的皮肤很黑，去北方是不吉利的。”墨子说：“我不相信你的话。”说完，他继续朝北走去。

但不久，他又回来了，因为北边的淄水泛滥，无法渡过河去。名叫“曰”的那人得意地对墨子说：“怎么样？我说你不能往北走。遇到麻烦了吧？”

墨子微微一笑，说：“淄水泛滥，南北两方的行人全都受阻隔。行人中有皮肤黑的，也有皮肤白的，怎么都过不去呀？”“曰”听后支吾着说不出话来。

墨子又说：“假如天帝在东方杀了青龙，在南方杀了赤龙，在西方杀了白龙，再在中央杀了黄龙，岂不是让天下的人都动弹不得了吗？所以，你的谎言是抵挡不住我的道理的，就像拿鸡蛋去碰石头，把普天下的鸡蛋全砸光了，石头还是毁坏不了。”“曰”听后羞愧地走了。

出人头地

欧阳修画像，出自 1921 年出版的由清代著名画家上官周创作的《晚笑堂竹庄画传》。

经典故事

我国北宋时期，有位杰出的文学家、史学家、金石学家，他的名字叫欧阳修。

欧阳修 4 岁丧父，在寡母郑氏抚育下读书。他的家境十分贫寒，买不起纸笔，母亲在泥地上用荻草教他写字。欧阳修自幼聪明过人，进步很快。

欧阳修 10 岁的时候，经常到附近藏书多的人家去借书读。一次，他在一家姓李的人家借书，从那家的一只废纸篓里发现一本旧书。他翻了一下，知道是唐代文学家韩愈的文集，就向主人要来，带回家里细细阅读。

欧阳修觉得韩愈的散文文笔流畅，说理透彻，跟社会上流行的讲求华丽、内容空洞的文章完全不一样。于是就认真琢磨，学习韩愈的文风。到了 20 多岁的时候，欧阳修在文学上的声誉已经很高了。

欧阳修官职不高，但十分关心朝政，正直敢谏。当朝参知政事范仲淹得罪了宰相吕夷简，被贬谪南方时，许多大臣都同情范仲淹，只有谏官高若讷认为范仲淹应该被贬。欧阳修十分气愤，写信责备高若讷不知人间有羞耻事。他因此而被降职到外地，4 年后才回到京城。

后来，欧阳修为了支持范仲淹新政，又站出来说话，这使朝廷一些权贵大为恼火。他们捕风捉影，诬陷欧阳修，于是欧阳修又被贬谪到滁州（今安徽滁县）。他的著名散文《醉翁亭记》就是这时所作。

10 多年后，宋仁宗才想起欧阳修的文才，便把他调回京城，担任翰林学士。欧阳修趁此机会，

文意解读

指高人一等。形容德才超众或成就突出。

典故溯源

宋·欧阳修《与梅圣俞书》："老夫当避路，放他出一头地也。"

积极提倡改革文风。有一年，京城举行科举考试，朝廷派他担任主考官。他认为这正是选拔人才、改革文风的好机会，在阅卷的时候，发现华而不实的文章一概不录取。那些落选者，对欧阳修十分不满，他们将欧阳修拦住，吵吵嚷嚷地辱骂他。后来，巡逻的兵士过来，才把这批人赶跑。

就在这次考试中，后来的大文豪苏轼崭露头角。

元代画家赵孟頫所绘的《苏轼像》

苏轼 20 岁那年，父亲苏洵带着他和弟弟苏辙到京城去参加科举考试。在考试中，苏轼写了一篇《刑赏忠厚之至论》的文章。欧阳修看到这篇文章后，大赞苏轼是个人才。后来，欧阳修又读了苏轼送给他的一些文章，更加觉得苏轼是个难得的人才。

有一天，欧阳修跟他的朋友梅尧臣说：“吾当避此人出一头地。”意思就是：像苏轼这样出众的人才的确难得，我真应该让他高出一头呢！

欧阳修这番话一传出去，一些读书人听了都不服气。京城里这么多的人才，难道比不上一个初出茅庐的小伙子。后来，大家读到苏轼才华横溢的诗歌和文章，才不得不服输。

苏轼先后当过杭州、湖州等地方的刺史。他每到一个地方，都兴修水利，减轻赋税，提倡生产，做了一些对人民生活有益的事。

黄州有一个地方名叫“赤壁”，苏轼听说后，便邀友人前去游览凭吊。在那里，他想起三国时期曹操和周瑜大战的情景，触景生情，十分感慨。回来以后，写了一篇文章，叫做《赤壁赋》。

苏轼不但是写散文和写诗的能手，而且在词的写作上也有很高的成就，他的词开创了词风中的豪放一派，他在游赤壁之后写下的《念奴娇·赤壁怀古》是其词风的代表之作。

在文学史上，人们把欧阳修和曾巩、王安石、苏洵和他的儿子苏轼、苏辙和唐代的韩愈、柳宗元合起来，称为“唐宋八大家”。“出人头地”这句成语就是出自欧阳修的“吾当避此人出一头地”，原意是让这个人高出一头，现在常用来形容高人一等。

半途而废

经典故事

东汉年间，河南郡有一位贤慧的女子，人们都不知她的名字，只知道她是乐羊子的妻子。

有一天，乐羊子在路上捡到一块金子，回家后把它交给妻子。妻子得知金子的来历后，说："我听说有志气的人不喝'盗泉'的水，廉洁的人不吃别人呼唤着施舍的食物。更何况拾取别人丢失的东西，这么做有损您的品行。"

乐羊子的妻子

听了妻子的话，乐羊子感到非常惭愧，就把那块金子扔到野外，然后到远方去拜师求学。

一年后，乐羊子回到家中。

妻子问他为何中途回家，乐羊子说："出门时间很长了，我有些想你，于是就回来了。"

妻子听完，拿起一把刀，走到织布机前说："这织布机上织的绢帛产自蚕茧，成于织机。一根丝一根丝地积累起来，才有一寸长；一寸寸地积累下去，才有一丈乃至一匹。现在，如果我将它割断，就会前功尽弃，从前织布所花的时间也就白白浪费掉了。"

过了一会儿，妻子又接着说道："读书也和织布一样。积累学问，就应该每天获得新的知识，从而使自己的品行逐渐完美。如果走到一半就停下来，那和割断织机上的丝有什么两样呢？"

乐羊子深受感动，于是又回去继续自己的学业，一连七年都没有回过家。

文意解读

半路停下来不再前进。比喻做事有始无终，不能坚持到底。

典故溯源

《礼记·中庸》："君子遵道而行，半涂（即途）而废，吾弗能已矣。"

司马昭之心

经典故事

司马昭是三国时期魏国人，他父亲司马懿是魏国的大将。魏文帝曹丕死后，魏国的大权实际上落到司马懿和他的儿子司马师、司马昭手里。司马氏父子三人一个比一个厉害，一个比一个专横。

司马懿死后，大儿子司马师独揽大权。朝中大小事情，司马师一个人说了算，皇帝曹芳每次见到司马师，都战战兢兢。有人曾经劝曹芳撤掉司马氏兄弟的兵权，但没有等曹芳动手，司马师已经逼着皇太后把曹芳废了，另立魏文帝曹丕的孙子曹髦。公元254年，高贵乡公曹髦做了皇帝。

但没有多久，司马师就病死了。他在病重的时候把一切权力交给了弟弟司马昭。司马昭根本不把曹髦放在眼里，肆无忌惮地独霸朝政。

司马昭总揽大权之后，野心更大，总想取代曹髦。他不断铲除异己，打击政敌。

年轻的曹髦知道自己即便做"傀儡"皇帝也休想当长，迟早会被司马昭除掉，就打算铤而走险，用突然袭击的办法灭掉司马昭。

一天，曹髦把尚书王经等三位大臣找来，气愤地对他们说："司马昭之心，路人皆知，我不能坐以待毙，白白忍受被推翻的耻辱。今天，我要你们同我一起去讨伐他。"

几位大臣知道这样做等于是飞蛾投火，都劝他暂时忍耐。

不甘心做司马氏傀儡的曹髦

尚书王经对曹髦说："当今大权落在司马昭手里，满朝文武都是他的人；君王您力量薄弱，如果莽撞行事，后果一定不堪设想，应该慎重考虑。"

可是曹髦从怀里掏出一道预先写好的诏书，扔在地上，说："我已经下了决心，就是拼个你死我活也在所不惜，而且我们也不一定会输。"说着，他进内宫去禀报太后。

文意解读

比喻人所共知的野心。

典故溯源

晋·陈寿《三国志·魏书·高贵乡公纪》裴松之注引《汉晋春秋》："帝见威权日去，不胜其忿。乃召侍中王沈、尚书王经、散骑常侍王业，谓曰：'司马昭之心，路人所知也。吾不能坐受废辱，今日当与卿等自出讨之。'"

哪知道在这三位大臣当中，已有两个人偷偷跑去向司马昭通风报信了。司马昭一听曹髦要带人来杀自己，于是安排了对付的策略。

20岁的曹髦，根本不懂得怎样对付司马昭。他集合了宫内的禁卫军和侍从太监，吵吵嚷嚷地从宫里杀了出来。曹髦自己拿着剑，站在车上指挥，口中大喊道：诛杀司马昭！诛杀司马昭！

不一会儿，司马昭的心腹贾充带了一队兵士赶来，挡住了禁卫军的去路。双方打了起来。

曹髦上前大喝一声，挥动宝剑杀了过去。贾充手下的兵士一见皇帝自己动手，毕竟有点胆怯，有的准备逃跑。

贾充手下有个叫成济的人，问贾充道："您看怎么办？"

贾充厉声说："司马公平时养着你们是干什么的！这还用问吗？"

贾充这一说，成济才胆大了，拿起长矛就往曹髦身上刺。曹髦来不及招架，被成济刺穿了胸膛，跌下车来死了。

司马昭赶来，见曹髦已经死了，也有点着慌，假装大惊失色的样子，用头撞皇帝的车，嚎啕大哭。

众大臣全都赶来了，司马昭哭着对大臣们说："成济狗胆包天，竟然敢杀皇上，要立即斩首。"

成济大骂司马昭："这不是我的过错，是贾充传达你的命令，要我杀皇帝的。"

成济不断地喊冤叫屈，司马昭怕他的叫喊之声引起别的大臣猜忌，命令武士把成济的舌头割了，并下令将成济满门抄斩。

四面楚歌

经典故事

项羽和刘邦原来约定以鸿沟（古运河名）作为界限，互不侵犯。后来刘邦听从张良和陈平的规劝，觉得应该趁项羽衰弱的时候消灭他，就又和韩信、彭越、刘贾会合兵力追击正在向东开往彭城（即今江苏徐州）的项羽部队。终于布置了几层兵力，把项羽紧紧围在垓下（在今安徽灵璧东南）。

公元前 202 年 12 月，决定楚国命运的大战在垓下展开。

项羽首先率领部队突击前方的韩信部队，凭借一贯的勇猛，击败了韩信的先头军队。项羽全力追击，但是韩信的部队败而不乱，反倒是项羽的部队在追击中阵形有点散了。由于孔熙、陈贺从两翼包抄上来，后面跟着的是彭越、英布和刘邦的部队，态势变得对项羽非常不利。

项羽的反应非常快，他见一时不能摧毁韩信的中央军团，而自己却有被包围的危险，就立即下令撤退。但此时项羽的部队已经被包围在垓下，项羽纵然勇武也无计可施。

韩信为了能够更快地瓦解楚军的士气，使出了“四面楚歌”的方法，让士兵们在包围圈外吟唱楚地的歌谣。

楚军战士们听到楚歌后，都倍感思念自己的家乡。加上连年作战，本来已经是身心俱疲，士气低落，现在听到四周的楚歌声，于是开始大量逃亡。

项羽听到楚歌声后，也大惊失色，心想：刘邦已经得到楚地了吗？为什么他的部队里面楚人这么多呢？

项羽半夜起来饮酒，对着自己心爱的女人虞姬，对着自己心爱的坐骑乌骓马，唱出了被后人传诵千古的《垓下歌》：“力拔山兮气盖世，时不利兮骓不逝。骓不逝兮可奈何，虞兮虞兮奈若何！”

虞姬听了，眼中涌满了泪水，也唱和道：“汉兵已略地，四方楚歌声。大王意气尽，贱妾何聊生。”

项羽画像，出自 1694 年刊刻的《无双谱》，绘画者是金古良，镌刻者是朱圭。

此情此景真是悲凄，一旁的军卒等人没有一个不潸然泪下。为了不拖累项羽，虞姬当场拔剑自刎。

当虞姬结束了自己的生命后，悲愤的项羽率领骑兵连夜突围，却不幸误入沼泽地。当他到达东城山头时，被灌婴的5000骑兵团团围住。此时，项羽身边只剩28名随从。他把28人分成四队，分别向四个方向突围，最后退到了乌江边。

乌江的亭长撑船靠岸等待项羽，他对项羽说："江东虽小，也还有方圆千里的土地，几十万的民众，也足够称王了，请大王急速过江。现在只有我有船，汉军即使追到这，也没有船只可渡。"

项羽笑道："上天要亡我，我还渡江干什么？况且我项羽当初带领江东的子弟8000人渡过乌江向西挺进，现在无一人生还，即使江东的父老兄弟怜爱我而拥我为王，我又有什么脸去见他们呢？或者即使他们不说，我项羽难道不感到内心有愧吗？"

接着，项羽又对亭长说："我知道您是忠厚的长者，这匹乌骓马跟随我已经5年了，所向无敌，常常日行千里，我不忍心杀掉它，把它送给你吧！"

项羽命令骑马的都下马步行，手拿短小轻便的刀剑交战。仅项羽一人就杀死汉军几百人，但项羽自己也负伤十多处。

项羽回头看见了汉军骑兵吕马童，说："你不是我的老朋友吗？"吕马童面向项羽，把项羽指给王翳看，说："这个人就是项羽。"项羽说："我听说汉王悬赏千两黄金要买我的脑袋，并封为万户侯，我就送你这点好处吧！"说完就自杀身亡了。

虞姬

文意解读

比喻陷入四面受敌、孤立无援的境地。

典故溯源

汉·司马迁《史记·项羽本纪》："项王军壁垓下，兵少食尽，汉军及诸侯兵围之数重。夜闻汉军四面皆楚歌，项王乃大惊，曰：'汉皆已得楚乎？是何楚人之多也。'"

伤风败俗

经典故事

唐朝时，由于统治者亲眼看到农民是怎样起来把隋朝打垮的，因此在自己实施统治时，除了加强国家机构外，还特别注意加强思想意识方面的统治，因此作为统治工具之一的佛教受到重视。唐代的20位帝王，除了玄宗和武宗笃信道教外，其他都是佛教信徒。佛教在武则天、唐宪宗时发展到高峰。

武则天在天授元年（公元690年）正式称帝。由于古代从来没有女人掌握国家政权，所以武则天称帝后受到来自各方面的压力和反对。为了能够君临天下，她迫切需要舆论和教义的支持。因此武则天在执政期间，始终不遗余力地发展佛教，建寺造像。

到了唐宪宗时，崇佛活动又进入一个新的高潮。由于佛教的某些教义违反了封建纲常秩序，还消耗人民大量的财富，因此一些有识之士极力反对佛教的流行，韩愈就是其中的一个。

据佛教传说，位于今陕西扶风境内的法门寺塔内藏有佛陀（教徒对释迦牟尼的称呼）指骨一节。因塔内珍藏佛骨，所以它为法门寺增添了无限光彩。按唐朝通例，该塔每30年开启塔门一次，即可使岁丰民安，国运昌盛。高宗显庆五年（公元660年）首次把佛骨迎到宫内供奉，后来的各位帝王都竭力效仿。

元和十三年（公元818年）冬，宪宗派遣太监，率领僧侣多人，前往法门寺再度奉迎佛骨。第二年正月，将佛骨迎至京城。宪宗敕令先在宫中供奉3天，然后送往京城各寺院让僧俗礼敬，从而又一次掀起全国性崇佛的狂潮。

武则天画像，出自1694年刊刻的《无双谱》，绘画者是金古良，镌刻者是朱圭。

文意解读

指败坏社会风俗。多用来谴责道德败坏的行为。

典故溯源

唐·韩愈《论佛骨表》："伤风败俗，传笑四方，非细事也。"

面对日益高涨的崇佛狂潮，韩愈开始起来反对。有一天，他写了《论佛骨表》劝谏宪宗。表中说：大量历史事实已经证明，信佛的帝王没有什么好下场。尧、舜、禹等古代圣人不知道什么佛教，但他们把国家治理得很好；他们在位的时间长，寿命也很长。佛教是从东汉明帝时期传入中国的，明帝在位只有 18 年，宋、齐、梁、陈和北魏后的各个朝代，对佛教无比信奉，但那几个朝代都很快灭亡。就拿梁武帝来说，本想求佛得到保佑，但却悲惨死去。现在，陛下把佛骨迎到宫里来供奉，使王公大臣们奔走施舍，浪费钱财。有的百姓愚昧无知，甚至自焚以示自己对佛的虔诚，实在是伤风败俗，传笑四方啊。其实所谓的佛骨，不过是块发臭的烂骨头，应该扔到水里或抛入火中。韩愈甚至表示：如果佛真有灵验，能作祸祟的话，那么，就让所有的灾难都落到我身上吧！

宪宗看后，勃然大怒，就要把韩愈问斩，多亏百官求情，宪宗才免了韩愈的死罪，降旨将韩愈贬为潮州刺史，即日上任。

韩愈画像，出自 1921 年出版的由清代著名画家上官周创作的《晚笑堂竹庄画传》。

韩愈一路上历尽艰辛，从长安到了遥远的潮州，到达后，韩愈就把潮州的官员召集来，问当地老百姓有什么疾苦。

有人说："这里土产少，老百姓的日子过得很清苦；还有城东恶溪（今广东韩江）里有条鳄鱼，经常上岸来伤害牲畜，百姓被它害苦了。"

韩愈说："既然如此，我们就得想办法把它除掉。"

话虽如此，可韩愈毕竟是个文人，一不会动刀，二不会射箭，如何除掉鳄鱼？后来，他写了一篇《祭鳄鱼文》，专门派人到江边去读这篇祭文，又叫人杀了一头猪一头羊，把它丢到江里去喂鳄鱼。在那篇祭文里，他限令鳄鱼在 7 天之内迁到大海里去，否则就用强弓毒箭，把鳄鱼全部杀死。

韩愈不信佛，又怎会信鳄鱼有灵呢？这不过是他安定人心的一种手法。事有凑巧，据说打那以后，鳄鱼真的没有再出现过。当地的百姓认为朝廷派来的大官给鳄鱼下的驱逐令见了效，都安心劳作了。

韩愈在外地做官一年，又回到长安，负责国子监（朝廷设立的最高教育机构）的工作，这一年（公元 820 年），唐宪宗被宦官所杀，他的儿子李恒即位，就是唐穆宗。

安如泰山

经典故事

汉景帝时，诸侯的权力很大，占有土地又多，有些诸侯不受朝廷的约束自立行事。吴国是当时诸侯中的大国，吴王刘濞更是骄横，野心很大，对中央政权心怀怨恨，暗中图谋叛乱。

御史大夫晁错见到这种情况，知道这样下去对巩固中央集权不利，就主张削减各诸侯国的领地，加强中央的权力和威信，巩固国家的统一。

晁错对汉景帝说："吴王一直不来朝见，按理早该定他的罪。他越来越狂妄自大，还私自开凿铜山铸钱，煮海水产盐，招兵买马，准备叛乱。不如趁早削减他们的封地。"

汉景帝听后有点犹豫，说："好是好，只怕削地会激起他们造反。"

晁错说："诸侯如果存心造反的话，削地要反，不削地将来也要造反。现在造反，祸患还小；将来他们势力雄厚了，再起来造反，祸患就更大了。"

汉景帝听了晁错的话，决心削减诸侯的封地。

没过多久，有的诸侯被削去一个郡，有的诸侯被削掉几个县。刘濞看到一些诸侯王纷纷被削减了领地，知道自己也在所难免，于是就笼络了同样反对削减封地的楚王、赵王等6位诸侯，准备联合起来发动叛乱。

当时吴王刘濞府中有一个郎中，叫枚乘，是汉代著名的辞赋家。枚乘清醒地看到刘濞阴谋反叛的祸害，写了《上书谏吴王》，对刘濞进行劝谏。

汉景帝刘启时，诸侯权力很大。

文意解读

安稳得像泰山一样。形容十分稳固，不可动摇。

典故溯源

汉·枚乘《上书谏吴王》："变所欲为，易于反掌，安于泰山。"

在谏书中，他说："能听忠臣之言，百举必悦。必若所欲为，危于累卵，难于上天；变所欲为，易于反掌，安于泰山。"大意是：您要是能够听取忠臣的话，一切祸害都可以避免。如果一定要照自己所想的那样去做，那是比垒鸡蛋还要危险，比上天还要难；不过，如果能尽快改变原来的主意，这比翻一下手掌还容易，也能使自己的地位比泰山还稳固。

为维护汉家统治而被腰斩的晁错

但刘濞执迷不悟，仍进行阴谋活动。于是，枚乘只得离开吴国，到梁孝王刘武府中做了宾客。

不久，吴王刘濞打着"惩办奸臣晁错，救护刘氏天下"的幌子，煽动别的诸侯一同起兵叛乱。公元前 154 年，吴、楚、赵、胶西、胶东、淄川、济南等 7 个诸侯王发动叛乱，史称"七王之乱"。

看到叛军声势很大，汉景帝有点害怕了。此时，朝廷上有个妒忌晁错的人说，七国发兵完全是晁错引起的。他劝汉景帝说："只要答应七国的要求，杀了晁错，免了诸侯起兵的罪，恢复他们原来的封地，他们就会撤兵回去。"

紧接着，又有一批大臣上奏章弹劾晁错，说他大逆不道，应该腰斩示众。汉景帝为了保住自己的皇位，批准了这个奏章。就这样，一心想维护汉家天下的晁错落得被腰斩的下场。

这时，枚乘又写了《上书重谏吴王》，劝刘濞罢兵。刘濞还是不听劝谏。不久，汉朝大将周亚夫率领军队打败了吴楚叛军。楚王刘戊自杀，吴王刘濞逃到东越被杀，其余 5 个王也落得自杀或被杀的下场。这场叛乱只用了 3 个月就被彻底平定了。

七王之乱平定之后，枚乘因为《上书谏吴王》所表现出来的远见卓识而名声大震。

后来，汉武帝即位，派人征召他进京做官。可惜他还没到京城，就死于途中。

安步当车

经典故事

战国时，齐国有位高士名叫颜斶。齐宣王慕其名，把他召进宫来。颜斶进宫来到殿前的台阶处，见宣王正等待他拜见，就不再行进。

齐宣王见了很奇怪，就说："颜斶，你过来吧。"

谁知颜斶一动不动，反而说："大王，你过来。"

齐宣王听了很不高兴，左右的大臣见颜斶目无君主、口出狂言，对他喝道："大王是君主，你是臣民，大王可以叫你过来，你怎么可以让大王过去呢！"

颜斶说："如果我走到大王面前去，说明我羡慕他的权势；如果大王走过来，说明他礼贤下士。与其让我羡慕大王的权势，还不如让大王礼贤下士的好。"

听完此话，齐宣王说："你这人也太过分了，究竟是君王尊贵，还是士人尊贵？"

颜斶说："当然是士人尊贵！"

齐宣王问："你说这话有根据吗？"

颜斶神色自若地答道："当然有。您难道不记得了吗？当年秦国进攻齐国的时候，秦王曾下过一道命令：'有谁敢在高士柳下季坟墓50步以内的地方砍柴，格杀勿论！谁能砍下齐王的脑袋，就封为万户侯，赏以千金。'由此看来，一个活着的君王的头，竟连一个死的士人的坟墓都不如啊。"

齐宣王无言以对，非常不高兴。大臣们看到齐宣王尴尬的神情，全都上来救驾，群起而攻之：

喜欢招纳贤士的齐宣王

文意解读

慢慢地走，就当是坐车。后称从容步行为"安步当车"。

典故溯源

《战国策·齐策四》："晚食以当肉，安步以当车，无罪以当贵，清静贞正以自虞。"

“颜斶，过来！ 颜斶，过来！我们大王如今治国有方，安民有策，四方义士，莫不仰慕大王圣德；天下谋士，莫不争相投奔效劳；东西南北，莫敢不服。万物齐备，百姓亲附。在齐国，高级的士被称为匹夫，只能徒步，而且还要从事农耕；一般的士只能在穷乡僻壤给人家看门。你是不是太狂妄了？”

颜斶驳斥道：“你们说得不对！从前大禹的时候，诸侯有万国之多，这是为什么呢？因为他尊重士人。而到了商汤时代，诸侯就只有 3000 多了。如今，称孤道寡的才 24 个。由此看来，重视士人与否是得失的关键之所在。

“《易传》中不是说：居上位，未得其实，以喜其为名者，必以骄奢为行。倨慢骄奢，则凶从之。所以说，无其实而喜其名者，必然要受到削弱；无德而望其福者，必然要遭受困厄；无功而受其禄者，必然要受到侮辱。因此，尧有 9 个辅臣，舜有 7 位师友，禹有 5 个助手，汤有 3 大辅臣。自古及今，能成虚名于天下者一个都没有。

“所以，大王您要以不经常向人请教为羞耻，以不向地位低的人学习而感到惭愧。真正能够成就高尚道德并扬名于后世的是尧、舜、禹、汤、周文王那些人啊。”

齐宣王听到这里，才觉得自己理亏，说：“我是自讨没趣。听了您的一番高论，才知道自己是小人的行径。希望您接受我为您的学生，今后您就住在我这里，我保证您饮食有肉吃，出门有车坐，您的夫人和子女衣食无忧。”

颜斶辞谢说：“美玉出自深山，一经工匠雕琢，就失了天然本色。这不是说它就不珍贵了，只是丢了原来的质朴。我们这些人，生活在不为人知的小地方，一当上了官，就失去了自己的本色，神形不全就不是原来意义上的士了。所以我希望大王让我回去，每天晚点吃饭，也像吃肉那样香，安稳而慢慢地走路，足以当作乘车，平安度日，并不比权贵差。清静无为，纯正自守，乐在其中。命我讲话的是您大王，而尽忠直言的是我颜斶。”

颜斶说完，向齐宣王拜了两拜，就告辞而去。

毕恭毕敬

经典故事

周幽王是西周的最后一个国君，他昏庸暴虐，腐败无能。

西周末年，关中一带发生大地震，加以连年旱灾，社会动荡不安，国力衰竭。当时的统治者幽王荒淫无道，不但不想着如何挽救处于危亡中的周朝，反而重用佞臣虢石父，盘剥压迫百姓。这时，大臣褒珦冒死劝谏幽王，幽王非但不听，反而把他关押起来。

褒族人为了把褒珦救出来，想了很多办法。他们听说周幽王喜好美色，正广征天下美女入宫，就想利用这个机会寻访美女。终于，他们找到了一个非常漂亮的姑娘，并把她买下，给她起名为褒姒。褒族人把褒姒献给幽王，替褒珦赎了罪。

幽王得到褒姒以后，对她非常宠爱，马上立她为妃。然而，褒姒虽然生得艳如桃李，性情却冷若冰霜，自进宫以后从来没有笑过一次。幽王为了博得褒姒一笑，不惜想尽一切办法，可是褒姒仍旧终日不笑。

周幽王的宠妃褒姒

这时佞臣虢石父又替周幽王想了一个主意，提议用烽火台一试。烽火台是当时用来通信的，只有万分危急的时候才会点燃烽火。然而，昏庸的周幽王却在无事时带着爱妃褒姒登上城楼，命令部下点起烽火。一时间，狼烟四起，烽火冲天，各地诸侯一见警报，以为西周的外敌犬戎打过来了，就带领本部兵马急速赶来救驾。可到了之后，却见城楼上灯火辉煌，鼓乐喧天。幽王派人告诉他们说，辛苦大家了，这儿没什么事，不过是大王和王妃点燃烽火取乐罢了。各诸侯气愤地收兵回营。诸侯受骗，匆匆地来，匆匆地去。褒姒看了不由大笑，幽王也很开心。

后来，褒姒生了个儿子叫伯服。于是，幽王废掉当时的申后，立褒姒为王后；废掉申后生的太子姬宜臼，立伯服为太子。

姬宜臼遭到废黜，住在外祖父申侯家里。他对自己的命运和国家的前途满怀忧愁，心中万分痛苦，写了一首题为《小弁》的诗，抒发自己的心情。诗的第三节说："看见屋边的桑树和梓树，一定要毕恭毕敬。我尊敬的是自己的父亲，我依恋的是自己的母亲。谁人不是父母的骨肉，谁人不是父母所生？上天生了我，可我的好日子到何处找寻？"

事隔不久，即公元前 771 年，犬戎进攻镐京。幽王听到犬戎进攻的消息，惊慌失措，连忙下令把骊山的烽火点起来。烽火倒是点燃了，可是诸侯因为上次上了周幽王的当，谁也不再理会。

烽火台上白天冒着浓烟，夜里火光冲天，可就是没有一个救兵到来。犬戎兵一到，镐京的兵马勉强抵挡了一阵，被打得落花流水。犬戎的人马像潮水一样涌进城来，把周幽王、虢石父和伯服杀了，褒姒也被掳走了。

文意解读

形容态度十分恭敬。

典故溯源

《诗经·小雅·小弁》："维桑与梓，必恭敬止，靡瞻匪父，靡依匪母。"

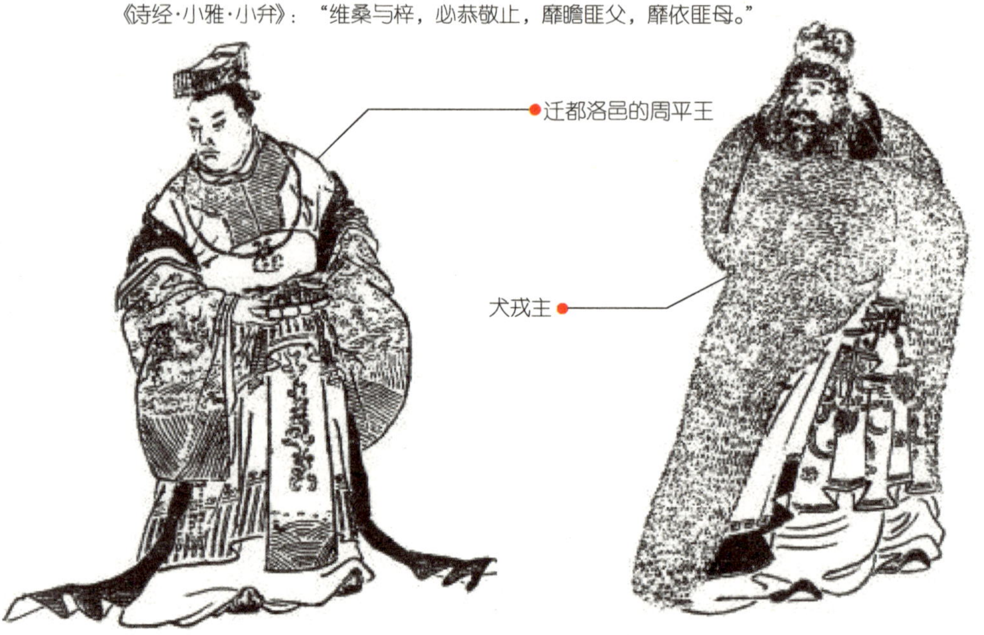

百步穿杨

经典故事

战国时代，战乱纷纷，人们生活在水深火热之中，而这却也是一个英雄辈出的年代，秦国大将白起就是其中一位。

有一年，白起带兵去攻打魏国。当时魏国有个名叫苏厉的谋士，得知白起要攻打魏国后，非常着急。他知道，靠魏国的实力，根本不是秦国的对手。苏厉绞尽脑汁想出了一个好办法：要想保住魏国，不能硬来，只能采取一定的措施让白起退兵。

文意解读

在一百步远以外射中杨柳的叶子。比喻箭法或枪法十分高超，并引申为本领高强。

典故溯源

《战国策·西周策》：“楚有养由基者，善射；去柳叶百步而射之，百发百中。”

有一天，苏厉很早出发去朝见周朝的国君，对他说：“如果魏国被秦军占领，您的处境就危险了。”

苏厉为什么这么说呢？原来，在战国时期，由于诸侯争霸，周朝的中央权力已经名存实亡了。周朝的国君名义上是天子，实际上对各诸侯国已没有管辖权。魏国如被秦国攻下，秦国的势力将更强大，对周天子的威胁就更大。

周天子一听，忙问苏厉怎么办。于是苏厉把自己想好的计策告诉了周天子。周天子听后觉得可行，于是派一个人前去劝白起停止进攻。

周天子的使者到了白起的营中，按照苏厉的吩咐对白起说：“白将军，你能听我讲个故事吗？”

白起一听，哈哈大笑：“你不是来劝战的吗？怎么讲起故事了？不过，既然来了，就请讲吧。”

于是使者讲了下面这个故事：

楚国有个著名的射箭手，名叫养由基。此人年轻时就勇力过人，练就了一手好箭法。当时有一个名叫潘虎的勇士，也擅长射箭。两人的箭术都很高，互相看不起对方，都说自己的箭术是最准的。

一天，两人来到一块场地上比试射箭，许多人都围着观看。箭靶设在五十步外，潘虎拉开强弓，一连三箭都正中红心，博得围观的人一片喝彩。潘虎洋洋得意地向养由基拱拱手说：“请多多指教。”

养由基微微一笑，说：“射五十步外的红心，距离太近，目标太大了，还是射百步外的柳叶吧！”

说罢，他指着百步外的一棵柳树，叫人在树上选一片叶子，涂红作为射击目标。接着，他拉开弓，只听“嗖”的一声，箭正好直穿这片柳叶的中心。在场的所有人都为养由基高超的箭术惊呆了。

能够百步穿杨的养由基

潘虎心想，这怎么可能呢？世上根本没有这么高明的箭术。于是，他便走到那棵柳树下，选择了三片柳叶，在上面用颜色记上编号，请养由基按编号次序重新射。他想：这次看你怎么射？上次只是你的运气好罢了！

养由基走向前，看清编号，然后退到百步之外，拉开弓，“嗖、嗖、嗖”三箭，正中三片编上号的柳叶。潘虎看到此状，大声惊呼：“真是好箭法啊！”全场又是一片喝彩声。

可是，有个人却冷冷地说：“嗯，有了百步穿杨的本领，可以教你射箭了！”养由基一听，此人口气好大，于是转过身去问道：“你准备怎样教我射箭？”那人平静地说：“我并不是来教你怎样弯弓射箭，而是来提醒你该怎样维护射箭的名声。”养由基问：“那你说该怎么维护呢？”那人说：“你是否想过，一旦你力气用尽，只要一箭不中，你那百发百中的名声就会受到影响。一个真正懂得射箭的人，应当注意维护名声！”养由基听了这番话，觉得很有道理，连连向他道谢。

白起听完这个故事，问使者：“你讲这个故事的用意是什么？”使者说：“白将军可是百战百胜的人啊，难道你不想维护自己的好名声吗？而要维护自己的这个好名声，就不应该轻易出战，万一战败了，名声不是被毁了吗？”

白起听后，觉得使者的话很有道理，便借口有病，停止了向魏国的进攻。

这个故事还引申出另一条成语“百发百中”。

老骥伏枥

经典故事

公元 196 年，曹操把汉献帝迎到了许（今河南许昌），从那时起，许成了东汉临时的都城，因此称为许都。曹操在许都给汉献帝建立了宫殿，让献帝正式上朝。曹操自封为大将军，开始用汉献帝的名义向各地州郡豪强发号施令。

首先他用献帝名义下诏书给袁绍，责备他地广兵多，只管扩大自己势力，攻打别的州郡，不来帮助朝廷。袁绍的兵力在当时远远胜过曹操，自然不甘屈居于曹操之下，他决心同曹操一决雌雄。他向各州郡发出文书，声讨曹操。

公元 199 年，袁绍挑选精兵 10 万，战马万匹，企图南下进攻许都。

后来曹操和袁绍在官渡展开了一场大战。当时，袁绍的谋士许攸因为袁绍不采纳自己的建议，连夜逃出袁营，投奔曹操。在许攸的帮助下，曹操大败袁绍。经过这场决战，袁绍的主力已经消灭。

为了完全统一北方，曹操计划攻打乌桓。当时许多部下都害怕刘表会派刘备偷袭许都，建议曹操不要贸然出许都去攻打乌桓。当时，曹操的谋士郭嘉却不这么认为，他说：“乌桓凭借着距离中原遥远，必定不会严加防备边境。如果我们乘其不备，突然进军攻打他们，他们必定会惊惧而被我们消灭。刘表这个人，只会坐在那里高谈阔论。他知道自己的才能无法驾御刘备，如果给刘备重兵，深怕刘备会反客为主；而不给刘备兵权，无法对刘备善加利用（利用刘备开疆拓土）。因此就算我们倾全部之力攻打袁尚，也不用担心刘表。”曹操听从了郭嘉的意见。

夜投曹操的许攸

文意解读

比喻有志向的人虽然年老，但仍有雄心壮志。

典故溯源

三国·魏·曹操《步出夏门行》诗：“老骥伏枥，志在千里。”

公元 207 年，曹操怀着统一中国北方的雄心壮志，率领大军北征乌桓。当大军抵达易县，郭嘉建议曹操留下辎重，轻装急行，来个出其不意。曹操接受了郭嘉的提议。

乌桓守军突然听到曹操挥军而来的消息大感惊慌，仓促之下与曹操会战，被曹操打得落花流水，主将都被曹军所杀，袁尚及袁熙奔走辽东。

中秋刚过，曹操下令班师回朝。大军经过十多天的艰难跋涉，终于走出了满目荒凉的柳城，来到河北昌黎。这时，曹操经过擒吕布、降张绣，在官渡又打败了他的主要对手袁绍，接着北征乌桓又一举获胜，统一了中国北部，确立并巩固了河北根据地，便可以南征孙、刘，实现统一，完成宏业。眼下铠甲未除，征尘未洗。归途中，曹操登上碣石山（位于今河北昌黎西北）。

曹操屹立山巅，眺望大海，心情自然激荡，浮想联翩。这时正值夕阳西下，碧海金光；远处的岛屿若隐若现，近处的海浪又滚滚向前……

眼见如此壮丽的景色，曹操不禁诗兴大发，脱口吟道：

东临碣石，以观沧海。水何澹澹，山岛竦峙。树木丛生，百草丰茂。

秋风萧瑟，洪波涌起。日月之行，若出其中。星汉灿烂，若出其里……

返回军营之后，曹操仍心潮起伏，久久不能平静。他想：北方的袁绍、蹋顿（辽西乌桓首领）虽然已讨平，南方的孙权、刘备却仍然各雄踞一方，统一大业尚未实现。

这时的曹操已是 53 岁了，但统一大业的使命仍在召唤着他。想着想着，他激情难耐，豪情又起，大踏步跨至案前，挥笔写下：

神龟虽寿，犹有竟时。腾蛇乘雾，终为土灰。

老骥伏枥，志在千里。烈士暮年，壮心不已……

曹操慷慨高歌：“老骥伏枥，志在千里。烈士暮年，壮心不已。”自比一匹上了年纪的千里马，虽然形老体衰，屈居枥下，但胸中仍然激荡着驰骋千里的豪情。他说，有志干一番事业的人，虽然到了晚年，但一颗勃勃雄心永不会消沉，一种对宏伟理想的追求永不会停息！

老骥伏枥的曹操

自惭形秽

经典故事

晋代有一位知名人士叫卫玠，他长得五官端正、相貌不凡，并且具有一种特别的姿态和风采，说话、走路、待人接物都与一般人不同，人人见了都很喜欢他。

卫玠的舅舅是王济，是朝廷的骠骑将军，长的也很英俊。有一次，卫玠去投奔他的舅舅王济。王济一见卫玠长得眉清目秀，风度翩翩，便惊呆了。他对卫母说：“人家都说我相貌过人，现在与外甥一比，我真是太一般了！”

过了几天，王济带着卫玠，骑马去拜见亲朋好友。走到街上，看见卫玠的人都以为他是白玉雕成的，争相观看。好不容易到了亲戚家，亲友们都惊叹于卫玠的容貌。不过他们还有一个疑惑：虽然外表很出众，不知道学识如何？于是，他们坚持让卫玠讲解一下玄理。

卫玠推辞不了，便讲了起来。时间虽然不长，听的人无不称赞他讲得精深透彻。殊不知，卫玠小时候并没有因自己相貌过人就不用功学习，反而更加刻苦，他不想让别人说自己是一个徒有其表而没有内涵的人。

人们听了卫玠的讲解，对王济说：“看来，你们三王（王浑、王骏、王济）抵不上卫家的一个儿郎啊！”王济感慨地说：“卫玠和我站在一起就像明珠、宝玉在我身边一样，和他一起走，就好像有一颗明珠在身边闪耀发光。和他相比，我真是自惭形秽啊！”

文意解读

因为自己不如别人而感到惭愧。

典故溯源

南朝·宋·刘义庆《世说新语·容止》：“珠玉在侧，觉我形秽。”

负荆请罪

经典故事

战国时期，秦昭襄王一心要使赵国屈服，接连侵入赵国边境，占领了一部分地方。公元前 279 年，秦昭襄王耍了个花招，请赵惠文王到秦地渑池（今河南渑池西）会面，意欲加害。赵惠文王开始怕被秦国扣留，不敢去。大将廉颇和蔺相如都认为如果不去，反倒是向秦国示弱。

最后赵惠文王决定去冒一趟险，赶赴渑池。他叫蔺相如随同他一块儿去，让廉颇留在本国辅助太子留守。

在渑池会上，秦王和赵王举行了宴会，共同喝酒谈天。

秦昭襄王喝了点酒后，便对赵惠文王说："听说赵王弹得一手好瑟。请赵王弹奏一曲，给大家助助兴。"

赵惠文王不好推辞，只好勉为其难地弹了一曲。

秦国的史官当场就把这事记了下来，并且念道："某年某月某日，秦王和赵王在渑池相会，赵王为秦王鼓瑟。"

赵惠文王气得脸都发紫了。正在这时候，蔺相如拿了一个缶（一种瓦器，可以打击配乐），突然跪到秦昭襄王跟前，说："赵王听说秦王会奏秦国的乐器。我这里有个瓦盆，也请大王赏脸敲几下助助兴吧。"

秦昭襄王见蔺相如怒目逼视，发尽上指，十分害怕，只好拿起击棒在缶上胡乱敲了几下。

蔺相如回过头来叫赵国的史官也把这件事记下来，说："某年某月某日，赵王和秦王在渑池相会，秦王为赵王击缶。"

这下，秦国大臣都要跟蔺相如理论。秦昭襄王见局势紧张，他事先已探知赵国派大军驻扎在临近地方，真的动起武来，恐怕也得不到便宜，就喝住群臣，说："今天是两国君王欢聚的日子，诸位不必多说。"

这样，两国渑池之会总算圆满而散。

回国后，赵王封蔺相如为上卿，地位在大将廉颇之上。

赵王这么器重蔺相如，大将军廉颇自然有些不服气。他扬言说："要是碰到蔺相如，一定要当面给他难堪。"

廉颇的话传到了蔺相如的耳朵里，他立刻吩咐手下的人，让他们以后遇到廉颇手下的人要以礼相让，不要和他们争吵。有一次他自己坐车出门，远远看见廉颇从前面过来，便叫车夫把车子赶到巷子里，等廉颇过去了再走。

蔺相如手下的人受不了这个气，就跟蔺相如说："您的地位比廉将军高，他骂您，您反而躲着他、让着他。这样下去，我们可受不了。"

蔺相如心平气和地问他们："廉将军跟秦王相比，哪一个厉害呢？"大伙儿说："当然是秦王厉害。"蔺相如说："天下的诸侯都怕秦王。可是为了保卫赵国，我敢当面责备他。怎么我见了廉将军反倒怕了呢。强大的秦国之所以不敢来侵犯赵国，正是因为有我和廉将军两人在。要是我们两人不和，秦国知道了，就会趁机来侵犯赵国。你们想想，国家大事要紧，还是私人的面子要紧？"

蔺相如手下的人听了这番话，非常感动，以后看见廉颇手下的人，都小心谨慎，总是让着他们。

后来，蔺相如的这番话传到了廉颇的耳朵里，廉颇感到十分惭愧。于是，他裸着上身，背着荆条，跑到蔺相如家里去请罪。他说："我是个粗人，见识少，气量窄，我只顾着自己的面子，把国家的安危都丢到一边了，我实在没脸来见您。请您责打我吧。"蔺相如赶紧把荆条扔在地上，用双手扶起廉颇，给他穿好衣服，拉着他的手请他坐下，对他说："咱们两个人都是赵国的大臣。将军能体谅我，我已经万分感激了，怎么还来给我赔礼呢？"

蔺相如和廉颇从此成为了生死之交，他们齐心协力地为国家办事，秦国因此更不敢欺侮赵国了。

廉颇负荆请罪，取得蔺相如的谅解，两人从此成为生死之交。

文意解读

背着荆条向对方请罪。形容主动向人认错道歉，自请严厉惩罚。

典故溯源

汉·司马迁《史记·廉颇蔺相如列传》："廉颇闻之，肉袒负荆，因宾客至相如门谢罪。"

过河拆桥

经典故事

在元朝的时候，曾经出现过一场关于是否废除科举制度的争论。科举制度始于隋朝。科举，就是由封建国家设立科目，定期举行统一考试，通过考试来选拔官吏，这种做法也叫“开科取士”。

在元朝的时候，共举行科举 16 次，仅录取进士 1135 人。汉族儒生想通过科举进入仕途非常困难，于是被迫放弃学业，以至一时“天下习儒者少”。因此，很多人反对科举制度。

有一个元朝的官员叫彻里帖木耳，他认为科举制度既花费了国家大量的钱财，还造成很多营私舞弊的事情。

于是，有一天，他奏告元顺帝说：科举制度既花费了国家大量的钱财，还造成很多营私舞弊的事情，也没有选拔出好的人才，因此，请陛下废除科举制度。他的这个奏告在朝中引起了巨大的反响。毕竟，中国科举制度自隋唐以来已实行了 700 多年，要废除它是一件非常重大的事，因此有很多人反对。

但是，太师伯颜听了彻里帖木耳的奏告后觉得说的有理，表示支持。不过，大臣中也有坚决反对的。有一个御史就坚决反对废除科举制度，他请求元顺帝治彻里帖木耳的罪。

于是，支持的人和不支持的人在朝廷上展开了激烈的辩论。看到满朝文武不合时宜的争辩，元顺帝说：“你们不要争论了，科举制度的确不好，应该废除。”

文意解读

自己过了河，便把桥拆掉。比喻达到目的后，就把帮助过自己的人一脚踢开。

典故溯源

《元史·彻里帖木耳传》：“参政可谓过河拆桥者矣”。

元顺帝

那位御史听后，不但没有收敛自己，反而更加反对了。元顺帝忍无可忍，把他贬到外地去了。不久，他命人起草了废除科举制度的诏书，准备颁发下去。

不过，事情并没有想象的那么顺利。走了一个御史，又来了一个反对的人，他就是许有壬。

许有壬实在不愿意看到废除已经实行了几百年的科举制度，于是站出来反对。有一天他对伯颜说："如果废除科举考试制度，世上有才能的人都会怨恨的。国家怎么去选拔人才？你们这是在破坏国家发展的根基啊！"

伯颜针锋相对地说："如果继续实行科举考试制度，世上贪赃枉法的人会更多，国家就会变得很腐败，这样下去国家才会灭亡啊！"

许有壬反驳说："没有实行科举考试制度的时候，贪赃枉法的人不也是很多吗？很多贪赃枉法的事并不是因为科举制度造成的。"

伯颜讽刺他说："我看中举的人中有用之才太少，只有参政你一个人可以任用！"

许有壬听了很不是滋味，于是他就举出许多当时中举的高官是如何不受贿赂的事例来反驳伯颜。

伯颜当然不会改变自己的观点，于是两人争论得非常激烈。

不过，胳膊终究拧不过大腿，许有壬的反对意见并没有阻止废除科举制度诏书的颁布。

第二天，满朝文武被召到崇天门听读皇帝下达的废除科举制度的诏书。因为许有壬反对废除科举制度，因此元顺帝特地侮辱性地让他在班首听读。看来，皇帝特意要让这个反对者将诏书听得明白些。许有壬当然不愿意，但又惧怕得罪皇帝遭到祸害，只好勉强跪在百官前列听读诏书。

听读完诏书后，百官纷纷回府，许有壬满脸不高兴地低头走路。这时，走过一个名叫普化的御史。他走到许有壬身边，凑着他的耳朵冷嘲热讽地说："你许参政是靠科举当官的，现在宣读皇上关于废除科举制度的诏书，你跪在最前面，似乎是废除科举制度的领头人，就像一个人过了桥后就把桥拆掉一样。你这不是成为过河拆桥的人啦。"

许有壬听了又羞又恨，于是快步离开。之后他便借口有病，再也不上朝了。

两袖清风

文意解读

衣袖中除清风之外，别无所有。比喻做官廉洁。也比喻穷得一无所有。

典故溯源

明·于谦《入京》：“清风两袖朝天去，免得闾阎话短长。”

文天祥画像，出自 1694 年刊刻的《无双谱》，绘画者是金古良，镌刻者是朱圭。于谦为官清廉，两袖清风，很大程度上是受文天祥影响。

经典故事

于谦是我国明朝时期著名的清官，他为官清廉，不畏强权，忧国忧民，在国家危亡时勇于挺身而出，深受人民爱戴。

明朝开国以后，朱元璋曾对贪官污吏进行过严厉的惩罚，但是贪赃枉法的行为仍然随处可见。在于谦为官的时期，贪赃枉法的事情更是多如牛毛。那时，在外地做官或京官奉差外出，便趁机搜刮一些民财和一些土特产，献给皇上和朝中权贵，以便为自己升官创造条件。

于谦小的时候，他的祖父收藏了一幅文天祥的画像。于谦十分钦佩文天祥，把那幅画像挂在书桌边，并且题上词，表示一定要向文天祥学习。长大以后，他考中进士，做了几任地方官，严格执法，廉洁奉公。后来，于谦出任河南巡抚，鼓励生产，救济灾荒，关心人民疾苦。

明英宗正统十四年（公元 1449 年），蒙古瓦剌部入侵，明英宗御驾亲征，在土木堡被俘。皇太后宣布由成王朱祁钰监国（就是代理皇帝的职权）。这时，一些大臣提出迁都南方，于谦坚决反对，他说：“京城是国家的根本，如果朝廷迁都，就意味着大势已去。大家难道忘掉南宋的教训了吗？”于谦的主张得到许多大臣的支持，于是，太后命于谦负责指挥军民守城。

于谦一面加紧调兵遣将，加强京城和附近关口的防御兵力；一面整顿内部，逮捕了一批瓦剌军的奸细。

接着于谦等大臣请太后正式宣布让朱祁钰做皇帝，被俘虏的明英宗改称太上皇。朱祁钰这才即位称帝，这就是明代宗（又叫景帝）。不久，蒙古瓦剌统帅也先以送明英宗回朝为借口，大举进犯北京。

于谦亲自带领兵马出门迎帝，而且叫城里的守将把城门全部关闭，表示有进无退的决心。并且下了一道军令：将领上阵，丢了队伍带头后退的，就斩将领；兵士不听将领指挥，临阵脱逃的，由后队将士督斩。将士们被于谦勇敢坚定的精神感动，士气大振，下决心跟瓦剌军拼死战斗，保卫北京。

这时候，各地的明军接到朝廷的命令，也陆续开到北京支援。城外的明军增加到 22 万人。城内的百姓也配合明军，跳上屋顶墙头，用砖瓦投掷敌人。经过 5 天的激战，瓦剌军死伤惨重。

也先遭到严重损失，又怕退路被明军截断，不敢再战，就带着明英宗和残兵败将撤退。北京保卫战取得了辉煌的胜利。

于谦立了大功，受到了北京城军民的爱戴，也受到明代宗的敬重。于谦家的房屋简陋，只能遮蔽风雨，明代宗准备给他造一座府第，于谦推辞了。他说："现在正是国难当头的时候，怎么能贪图享受呢？"

次年，也先因为无机可乘，被迫释放了明英宗。

景泰八年（公元 1457 年），明代宗生了一场大病，朝中大臣徐有贞、石亨跟宦官勾结，带兵闯进皇宫，迎明英宗朱祁镇复位。历史上把这件事称为"夺门之变"。没多久，明代宗就死了。

于谦画像，出自 1921 年出版的由清代著名画家上官周创作的《晚笑堂竹庄画传》。

明英宗复位后，因为于谦在他被俘流亡的时候帮他弟弟即位称帝，心里本来就有气，再加上徐有贞、石亨一伙在他面前说了不少诬陷的话，竟下了狠心，给于谦加上了"谋反"的罪名，把于谦杀害了。

于谦生前曾写有一首《入京》诗，其中有这样的句子："清风两袖朝天去，免得闾阎话短长。"人们从中概括出"两袖清风"的成语。

完璧归赵

经典故事

战国时候，赵国的赵惠文王得到了一块名贵宝玉和氏璧。这件事情让秦昭襄王知道了，他就写了封信，派人去见赵王，说秦王愿意用 15 座城来换那块宝玉，希望赵王答应。

赵王心里虽然舍不得，但是因为赵国国势很弱，所以不敢得罪秦王。于是赵惠文王就跟大臣们商量，要不要答应。要是答应，怕会上秦国的当，丢了和氏璧也拿不到城；要不答应，又怕得罪秦国。议论了半天，还不能决定该怎么办。

蔺相如知道了，对赵王说："大王，让我带着和氏璧去见秦王吧。"赵惠文王说："那么就请先生到秦国去一趟吧。可是万一秦国不守信用，怎么办呢?"

蔺相如说："到那里我见机行事。如果秦王不肯用 15 座城来交换，我一定把和氏璧完整地带回来。"赵王知道蔺相如是个既勇敢又机智的人，就同意他去了。

蔺相如带着和氏璧到了咸阳，秦昭襄王得意地接见了他。蔺相如把和氏璧献上去，大声对秦王说："秦国拿出 15 座城来换一块璧玉，这个价值是够高的了。要是赵国不答应，错在赵国。赵王把和氏璧送了来，要是秦国不交出城来，那么错在秦国。"

秦王接过和氏璧来左看右看，非常喜爱。但见这块美玉晶莹剔透，洁白温润，不仅毫无瑕疵，在烛光的映射之下，竟还隐隐约约地发出淡淡的银光。他看完了，又传给大臣们一个一个地看，然后又交给后宫的美女们看。

蔺相如一个人站在旁边，等了很久，也不见秦王提起那 15 座城的事，知道秦王根本没有用城换宝玉的诚意。

可是宝玉已经到了秦王手里，怎么才能拿回来呢?

蔺相如思忖过后，心生一计。他走上前对秦昭襄王说："这块璧虽说名贵，可也有点儿小毛病，让我来指给大王看。"秦昭襄王信以为真，就吩咐侍从把和氏璧递给蔺相如。

蔺相如一拿到璧，往后退了几步，靠着宫殿上的一根大柱子，怒气冲冲地说："大王说愿用 15 座城来换赵国的璧，赵王诚心诚意派我把璧送来。可是，大王并没有交换的诚意。如今璧在我手里，大王要是逼我的话，我宁可把我的脑袋和这块璧在这柱子上一同砸碎。”

秦王本来想叫武士去抢，可是又怕蔺相如真的把宝玉摔碎，连忙向蔺相如赔不是，说：“大夫不要着急，我说的话怎么能不算数。”说着叫人把地图拿来，假惺惺地指着地图说：“从这儿到那儿，一共15座城，都划给赵国。”蔺相如心想，秦王说话经常出尔反尔，不能上了他的当！

蔺相如说：“赵王送璧到秦国来之前，斋戒了5天，还在朝堂上举行了隆重的仪式。大王如果诚意换璧，也应当斋戒5天，然后再举行接受璧的仪式，我才能把璧奉上。”

手持和氏璧欲撞柱的蔺相如

过了5天，秦昭襄王召集大臣和别国在咸阳的使臣，在朝堂举行接受和氏璧的仪式。而蔺相如早叫一个随从打扮成买卖人的模样，把璧贴身藏着，偷偷地从小道跑回赵国去了。

蔺相如对秦王说：“天下诸侯都知道秦是强国，赵是弱国。大王真要那块璧的话，请先把那15座城割给赵国，然后打发使者跟我一起到赵国去取璧。赵国得到了15座城以后，绝不敢不把璧交出来。”

秦昭襄王听后，只得说：“一块璧而已嘛，不应该为这件事伤了两国的和气。”

结果，秦王只好让蔺相如回赵国去了。

文意解读

本指蔺相如将和氏璧完好地自秦送回赵国。后比喻把原物完好地归还本人。

典故溯源

汉·司马迁《史记·廉颇蔺相如列传》：“城入赵而璧留秦；城不入，臣请完璧归赵。”

弄巧成拙

经典故事

北宋时，有一个大画家孙知微，绘画技巧高超，许多人请他画画。

一次，成都一个寺院请他去画一幅关于水星菩萨的画。

他用心将图用笔勾好，人物栩栩如生，衣带飘飘，宛若仙姿，只剩下最后一道工序——着色。

恰好此时有朋友请他去喝酒。于是孙知微放下笔，便对弟子们说：“草图我已经画好了，现在我要外出办事，剩下着色的工作就由你们几个人来做吧！不要着错了颜色，我回来时，希望你们能画好。”

文意解读

本想耍弄聪明，结果做了蠢事。

典故溯源

宋·黄庭坚《拙轩颂》：“弄巧成拙，为蛇画足。”

徒弟们得到老师的信任，十分高兴，认真地着色。同时，他们反复观看老师用笔的技巧和总体构图的高妙，互相交流心得。

有人说：“你看菩萨的神态多么逼真，长髯飘洒，不怒而威。”

还有的说：“菩萨脚下祥云缭绕，真正的神姿仙态，让人肃然起敬。”

其中有一个叫童仁益的弟子，平时专门卖弄小聪明，喜欢哗众取宠，他对大家说：“老师平时画瓶子，总要在瓶上画一束鲜花，这次可能是因为着急出门，忘了画了，我们给添上吧。”大家都赞同他的意见。

童仁益说完，用心在瓶口画了一朵艳丽的红莲花。

孙知微饮酒回来，发现瓶子上竟多出了一朵莲花，便责问弟子们莲花是谁添上去的？

童仁益说：“是我添加上去的。空花瓶添上一朵莲花不是更好看吗？”

孙知微恼怒地说：“这简直是胡闹！你的用心是好的，可是你们知道吗，《道经》中说，水星菩萨的水晶瓶不是插花用的，而是镇妖伏魔的宝贝，瓶中根本就没有什么花草。你真是画蛇添足，弄巧成拙。”

徒弟们一听，都傻了眼。

忍辱负重

经典故事

三国时，吴国有一位名将叫陆逊。他出身江南士族，豁达大度，善于谋略，孙权把自己的侄女许配给他为妻。

公元220年10月，曹丕让他的亲信联名上书，劝汉献帝让位给魏王。于是，曹丕罢黜了汉献帝，自己做了皇帝，东汉王朝正式结束。

书生都督陆逊

蜀汉大臣们认为，既然汉献帝已经下位，蜀主刘备是汉家皇室后代，理应接替皇位。于是，公元221年，刘备在成都即位，就是汉昭烈帝。刘备即位之后，第一件事就是进攻东吴，报东吴占领荆州和杀害关羽之仇。

刘备率军攻吴，孙权任命陆逊为大都督，准备迎敌。刘备出兵没几个月，就攻占了东吴的五六百里土地。他从秭归出发，急于向东继续进军。他要随军官员黄权守住江北，防备魏兵；自己率主力沿长江南岸翻山越岭，一直进军到了猇亭。

蜀军从巫县到夷陵（今湖北宜昌东），沿路扎下了几十个大营，又用树木编成栅栏，把大营连成一片，前前后后长达700里地。刘备以为这样好比布下天罗地网，只等东吴人来攻，就能把他们消灭。但是陆逊一直按兵不动，双方相持了半年。

东吴将士看到蜀军得寸进尺，步步紧逼，全都摩拳擦掌，想和蜀军大战一场，可是大都督陆逊却不同意。

当时，东吴的诸将有的是孙策的旧将，有的过去是孙坚手下的人，有的则是宫室贵族。这些人不少都是打仗能手，立过大功。他们对孙权派年轻的书生陆逊当都督，本来已经不大服气，现在听到陆逊不同意他们出战，认为陆逊胆小怕打仗，更不满意，在背地里愤愤不平。

陆逊见众将如此粗鲁，不理解他的战略意图，心里很生气，便手拿孙权授予他的“尚方宝剑”严厉地说：“我虽然是个书生，但是是奉主上的命令来行事的，你们只有服从。主上之所以委屈诸君安排在我这里，就是因为我有可取的地方，希望你们能够忍辱负重，遵守军令，不得违抗。”

唐朝著名画家阎立本所绘的蜀主刘备像

一天，陆逊突然召集将士们，宣布要向蜀军进攻。将士们说：“要打刘备，早该动手了。现在让他进来了五六百里地，主要的关口要道都让他占了。我们打过去，一定会输的。”

陆逊解释说：“刘备刚来的时候，士气旺盛，我们是不能轻易取胜的。现在，他们在这儿呆了这么多日子，却一直占不到便宜，兵士们已经很疲劳了。我们要打胜仗，是时候了。”

当天晚上，陆逊命令将士每人各带一束茅草和火种，预先埋伏在南岸的密林里。到了三更时分，东吴四员大将率领几万兵士，冲到蜀营，用茅草点起火把，在蜀营的木栅栏边放起火来。那天晚上，风刮得很大，蜀军的营寨都是连在一起的，点着了一个营，附近的营也就一起跟着烧起来，一下子就攻破了刘备的 40 多个大营。

等刘备发现火起，已经无法抵抗。在蜀兵将士的保护下，刘备才带着残兵败将，突围逃走，最后逃到了白帝城（今重庆奉节东白帝山上）。

这一场大战，蜀军几乎全军覆没，船只、器械和军用物资全部被吴军缴获。历史上把这场战争称为“□亭之战”，也叫“夷陵之战”。

次年 4 月，刘备病亡。刘备死后，后主刘禅即位，由诸葛亮辅政。诸葛亮仍采取联合的策略，与东吴和好，恢复了吴蜀联盟。

在东吴这一方，凡是对吴、蜀关系的处理，孙权都先征求陆逊的意见；给蜀国的文书，也先给陆逊看，有意见陆逊可代改后再发出。孙权还专门刻了他的大印，交给陆逊，供他日常处理吴、蜀间的事务用。君臣间相互信任到如此程度，这在中国历史上是罕见的，也只有光武帝和唐太宗才能做到如此。

文意解读

为了完成艰巨的任务，忍受暂时的屈辱。

典故溯源

晋·陈寿《三国志·吴书·陆逊传》：“国家所以屈诸君使相承望者，以仆有尺寸可称，能忍辱负重故也。”

投笔从戎

经典故事

东汉初期，有一位受命出使西域，经过艰苦斗争，重新打通丝绸之路，成为我国历史上继张骞之后，为促进中西经济和文化交流做出了杰出贡献的英雄，他就是东汉著名史学家班固的弟弟——班超。

班超画像，出自1694年刊刻的《无双谱》，绘画者是金古良，镌刻者是朱圭。

汉明帝永平五年（公元62年），班超的哥哥班固被明帝刘庄召到洛阳，做了一名校书郎，班超和他的母亲也跟着去了。当时，因家境贫寒，班超便找了个替官家抄书的差事挣钱养家。

然而，虽然出身于文学世家，班超却对文学不感兴趣，日子久了，他再也不甘心做这种乏味的抄写工作。有一天，他正在抄写文件的时候，突然感到一阵莫名的厌烦和苦恼，忍不住站起来，弃笔感叹："大丈夫无他志略，犹当效傅介子、张骞立功异域，以取封侯，安能久事笔研（砚）间乎！"就这样，他决心投笔从戎，抛弃案头工作去从军。

公元73年，班超投笔从戎，如愿以偿。当时，汉明帝派大将军窦固出兵攻打匈奴。班超随军出征，担任窦固手下的代理司马官职。由于他作战勇敢，屡立战功，得到窦固的赏识，派他出使西域，目的是联络西域各国，共同抗击匈奴。

文意解读

指文人弃文从军。

典故溯源

南朝·宋·范晔《后汉书·班超传》："家贫，常为官佣书以供养。久劳苦，尝辍业投笔叹曰：'大丈夫无他志略，犹当效傅介子、张骞立功异域，以取封侯，安能久事笔研（砚）间乎！'"

那时候，东汉和匈奴都希望拉拢西域诸国以增强自己的实力，削弱对手，所以不得不对西域诸国恩威并用。班超带着随从人员 36 人先到了鄯善。开始的时候鄯善王对他们很客气，过了几天，匈奴也派使者来同鄯善国联络。由于匈奴使者的从中挑拨，鄯善王对班超的态度渐渐冷淡起来，并且产生了敌意。警惕的班超想到可能是匈奴派来了使者，鄯善王有倾向匈奴之意，必须先下手为强。

一天晚上，大风突起，班超一把火烧了匈奴使团的大营。毫无防备的匈奴使团从睡梦中惊醒，不知汉军有多少人马，吓得没命乱逃。包括匈奴使者在内当场被杀的有 30 多人，还有大约 100 人被烧死。鄯善王看到匈奴使团全部被班超消灭，于是就答应和东汉合作。班超顺利地完成了这次出使任务。

班超完成了使命，率领众人回到国都，把情况向窦固作了汇报。窦固非常高兴，上表奏明班超的出使经过和所取得的成就，并请皇帝选派使者再度出使西域。

窦固认为班超手下的人太少，想给他再增加一些。班超却说："有 30 人就足够了，多了反而不好。"

班超等人再次向西域进发，不久，到了于阗（亦作于[illegible]，今新疆和田一带）。当时，于阗王广德新近攻破莎车（今新疆莎车一带），在南道雄帜高张，匈奴人派使者驻在于阗，名为监护其国，实际上掌握着该国的大权。班超到于阗后，于阗王对他颇为冷淡。于阗巫风炽盛，巫者对于阗王说："神灵已经对你有意归顺于汉的做法生气了，汉使者有一匹宝马，你必须把它给我弄来，以祭神灵。"

于阗王派人向班超讨要那匹马，班超早已清楚事情原委，痛快地答应了。但是提出要神巫自己来牵。等到神巫到来，班超不由分说，将他杀死，把首级送还于阗王，晓以利害，责以道义。于阗王早就听说过班超在鄯善国诛杀匈奴使者的作为，颇为惶恐，当即下令杀死匈奴使者，归附汉王朝。

后来，班超又陆续出使西域诸国，使得西域 50 多国全部归附了东汉。班超从 40 岁出使西域，到 71 岁回到洛阳，在西域活动了 31 年，保护了丝绸之路的商旅往来。西域各国从王莽执政时期起，跟汉朝不相往来已经有 65 年。由于班超的努力，又重新恢复了张骞通西域时期的繁荣局面。

纸上谈兵

经典故事

赵国有一位上将军赵奢，多次为国家立下赫赫战功，被封为马服君。赵奢有一个儿子赵括，赵括自幼饱读兵书，谈起用兵的道理来，头头是道，所以宾客们都赞扬赵括精通兵法，称赞他是将门虎子。

当时不少人都夸奖他，可是他的父亲赵奢却不认为儿子能打仗。

公元前 262 年，秦昭襄王派大将白起进攻韩国，占领了野王（今河南沁阳），截断了上党郡（治所在今山西长治）和韩都的联系。上党的韩军将领不愿意投降秦国，派使者带着地图把上党献给赵国，于是赵孝成王派军队接收了上党。两年后，秦国派王[illegible]把上党团团包围。赵国派廉颇领兵 20 万救援上党。

廉颇驻军长平，他派出裨将前去搜索迎敌。其时，缑氏、上党已被秦军攻陷。秦军突破防线，占领赵军坚固堡垒。赵军被迫往长平方向退却，在石长城以西的丹河一线构筑防御工事。在廉颇的统御下，赵军坚壁以战，成功地遏制了秦军的攻势。

面对这种情形，秦昭襄王请范雎出主意。范雎说：“要打败赵国，必须先叫赵国把廉颇调回去。”于是，秦昭襄王派间谍携带千金贿赂赵国的权臣，并散布谣言说：“廉颇已经老了，根本不中用了，他哪里还敢与秦兵打仗？因此只会死守，不会进攻！所以打了三年，还没有打退秦兵。赵国如果要打败秦兵，除非起用后起之秀赵括。”

文意解读

在纸面上谈论打仗。比喻空谈理论，不能解决实际问题。也比喻空谈不能成为现实。

典故溯源

汉·司马迁《史记·廉颇蔺相如列传》：战国时赵国名将赵奢之子赵括，年轻时学兵法，谈起兵事来父亲也难不倒他。后来他接替廉颇为赵将，在长平之战中，只知道根据兵书办，不知道变通，结果被秦军大败。

这时赵惠文王已死，赵孝成王即位。赵孝成王对廉颇的坚守政策早已不满，又听信了谣言，于是撤换廉颇，让赵括接替了廉颇的职位。

这时赵奢已死，其夫人请求赵王不要派她的儿子去长平。理由是其丈夫生前嘱咐，说儿子只会吹牛，没有实际经验。而且当他一谈起兵法，就马上目空一切，好像四海之内只有他一个人会打仗。这种人不带兵倒也罢了，一旦带兵，一定会打败仗。赵王不信，赵母只好请求赵王，如果将来儿子打了败仗，请不要罪及家族。

公元前260年，赵括统率20万大军来到长平，廉颇只好交出兵符回家。赵括总共率领40万大军，他完全改变了廉颇的作战方针。他下达命令：如果秦兵再来进犯，一定要迎头痛击。如果敌人被打败，一定要马上乘胜追击，非杀得他们片甲不留不可。

范雎得到赵括替换廉颇的消息后，知道自己的反间计成功，于是秘密派白起为上将军，去指挥秦军。

赵括只知纸上谈兵，不会临阵应变。白起故意打了几次败仗，赵括不知是计，拼命追赶。

白起把赵军引到预先埋伏好的地区，派出精兵25000人，切断赵军的后路；另派5000骑兵直冲赵军大营，把40万赵军切成两段。赵括这才知道秦军的厉害，只好筑起营垒坚守，等待救兵。

秦国方面，得到围住赵军主力的消息后，秦昭襄王亲自从咸阳赶到临近前线的河内郡，给所有的郡民赐爵一级，命令郡内15岁以上男丁悉数出征，前往支持长平前线，阻击赵国的援军。于是，被围的赵军无法得到援助和补给。

9月，在被困46天后，赵括在突围时被秦军射杀。赵军伤病饿羸，再无战力，全体投降了秦军。秦军清点俘虏人数，竟有近40万人。

秦军也伤亡过半，他们对人数众多的俘虏心有余悸。白起假意许诺把降兵中身体强健的留下带回秦国，而年老体弱伤残幼小的会放归赵国。赵军对此毫不怀疑。结果在赵军毫无防备的情况下，秦军将大约40万身体虚弱的赵国俘虏全体坑杀，唯有240名年纪幼小的赵军被秦军放归了赵国。

长平之战以赵军的惨败、秦军的全面胜利宣告结束。

肝脑涂地

经典故事

西汉时有个人叫苏武，他的父亲和兄长都是朝廷的官吏。当时中原地区的汉朝和西北少数民族政权匈奴的关系时好时坏，十分不稳定，双方频繁地派遣使者互相窥探虚实。

匈奴自从被卫青、霍去病打败以后，口头上表示要跟汉朝和好，实际上还是随时想进犯中原。

匈奴的单于一次次派使者来求和，可是汉朝的使者到匈奴去回访，有的却被他们扣留了，汉朝也扣留了一些匈奴使者。

公元前 100 年，汉武帝正想出兵攻打匈奴，匈奴派使者来求和，还把汉朝的使者都放回来。汉武帝为了答复匈奴的善意表示，派中郎将苏武拿着旌节，带着副手张胜和随员常惠，出使匈奴。

苏武到了匈奴，送回扣留的使者，送上礼物。苏武正等单于写完回信让他回去，可就在此时，发生了一件让他意想不到的事情。

苏武没到匈奴之前，有个汉人叫卫律，在出使匈奴后投降了匈奴。单于特别重用他，封他为王。

卫律有一个部下叫做虞常，对卫律很不满意。他跟苏武的副手张胜原来是朋友，就暗地跟张胜商量，想杀了卫律，劫持单于的母亲，逃回中原去。

张胜表示非常赞同，没想到虞常的计划没成功，反而被匈奴人逮住了。单于大怒，叫卫律审问虞常，还要查问出同谋的人来。

近代画家任伯年绘制的《苏武牧羊图》，现藏于北京故宫博物院。

文意解读

形容惨死。也形容竭尽忠诚，任何牺牲都在所不惜。

典故溯源

汉·司马迁《史记·刘敬叔孙通列传》："大战七十，小战四十，使天下之民肝脑涂地，父子暴骨中野。"

苏武本来不知道这件事。到了这时候，张胜怕受到牵连，才告诉苏武，因此苏武也受到了牵连。单于想逼苏武投降，如不投降就把他杀掉。

苏武不受匈奴侮辱，他说：“我屈辱了使者的身份，玷污了使命，虽然活着，有什么面目回汉朝呢？”说着，拿起佩刀自杀，经过抢救，才免于一死。

单于看到苏武如此气概非凡，就想让苏武背叛汉朝，臣服于他。最初，单于派人向苏武游说，许以丰厚的俸禄和高官，但都被苏武严词拒绝了。匈奴见劝说没有用，便决定用酷刑，也未得逞。单于就把苏武流放到如今西伯利亚的贝加尔湖一带，让他去牧羊。临行前，单于召见苏武说：“既然你不投降，那我就让你去放羊，什么时候公羊生了羊羔，我就让你回到中原去。”

与他的同伴分开后，苏武被流放到人迹罕至的贝加尔湖边。在这里，单凭个人的能力是无论如何也逃不掉的。唯一与苏武做伴的，是那根代表汉朝的旄节和一小群羊。苏武每天拿着这根旄节放羊，心想总有一天能够拿着它回到自己的国家。

不久，单于派降将李陵到北海劝说苏武投降。李陵说：“单于诚心诚意等待您归顺，看来永远不会让您回大汉了。白白地在这荒无人烟的地方受罪，有谁知道您对朝廷的忠诚呢？”

李陵还告诉苏武出使匈奴后他家人的悲惨遭遇（大哥和弟弟被迫自杀，母亲去世，妻子改嫁，儿女不知去向），妄图动摇苏武归汉的决心。但是，苏武坚定地说：“我们父子两代没有功劳和成就，我们家的一切都是皇上的栽培和恩典，职位做到将军，爵位领受通侯。我们兄弟三人都在皇上身边，总想肝脑涂地，粉身碎骨来报答。只要有机会就应豁出命去尽忠效力，即使受到刀砍锅煮，也心甘情愿。”

李陵听了苏武的这番话，十分感动。

就这样，苏武在贝加尔湖牧羊长达 19 年。19 年后，当初下令囚禁他的匈奴单于去世了，汉朝的汉武帝刘彻也死了，汉武帝的儿子继任皇位。这时，新单于执行与汉朝和好的政策，苏武才得以回到自己的国家。

苏武出使的时候才 40 岁，在匈奴受了 19 年的折磨，胡须、头发全白了。回到长安的那天，长安人民都出来迎接他。他们看见白胡须、白头发的苏武手里拿着光杆子的旄节，没有一个不被感动的。

鸡鸣狗盗

经典故事

战国时候，齐国有一个贵族叫孟尝君，他为了巩固自己的地位，专门网罗人才。据说，孟尝君门下养了 3000 名食客，个个都有特殊才能。

当时孟尝君是齐国的相国，名声很大，秦昭襄王为了拆散齐楚联盟，使用了两种手段：对楚国使用硬手段，对齐国使用软手段。他听说齐国最有势力的大臣是孟尝君，就邀请孟尝君来咸阳，说是要拜他为丞相。

孟尝君到咸阳去的时候，带了一大帮门客。秦昭襄王亲自欢迎他。孟尝君献上一件纯白的狐狸皮袍子作为见面礼，秦昭襄王知道这是很名贵的银狐皮，很高兴地把它收下。

秦昭襄王本打算请孟尝君当丞相，但是秦国的相国很嫉妒他，便对秦昭襄王说："孟尝君是齐国的贵族，手下人又多。他当了丞相，一定先替齐国打算。况且他在这儿已经住了不少日子，秦国的情况他差不多都知道了，把他放回去，秦国就会很危险。"于是秦昭襄王就把孟尝君软禁起来，以免他回去后对秦国不利。

孟尝君得到这个消息后很着急，赶紧托人去向秦王的宠妃燕姬求救。燕姬是昭襄王最宠爱的妃子，只要燕姬说一，昭襄王绝不说二。孟尝君派人去求她救助，燕姬答应了，条件是拿齐国那一件天下无双的狐白裘（用白色狐狸腋下的皮毛做成的皮衣）作为报酬。这可叫孟尝君为难了，因为刚到秦国，他便把这件狐白裘献给了昭襄王。就在这时候，有一个门客说："我能把狐白裘找来！"说完就走了。

贤德的孟尝君

文意解读

指微不足道的本领，也指偷偷摸摸的行为。

典故溯源

汉·司马迁《史记·孟尝君列传》：孟尝君相位先废后复，并"脱于虎豹之秦"，这都依赖于鸡鸣狗盗之辈。

原来这个门客最善于钻狗洞偷东西。他先摸清了情况，知道昭襄王特别喜爱那件狐白裘，一时舍不得穿，放在宫中的贮藏室里。他借着月光，逃过巡逻人的眼睛，轻易地钻进贮藏室把狐白裘偷出来。孟尝君立刻把它献给了燕姬。

燕姬见到狐白裘高兴极了，想方设法说服昭襄王放弃杀孟尝君的念头。昭襄王果然同意，发下过关文书，让孟尝君他们回去。

燕姬准备过两天为孟尝君饯行，送他回齐国，孟尝君可不敢再等两天。他料知秦王事后会后悔，决定立即逃走，于是率领手下人连夜偷偷骑马向东快奔。

逃到函谷关时，正是半夜。关上规定，每天鸡鸣以后才能开关让商旅通过。在这危急关头，门客中又有一个人，模仿起鸡叫来，如同真鸡叫一样，引得附近村中的鸡都叫了起来。

守关的人听到鸡叫，便打开关门，让孟尝君一行人过关。等到秦王反悔派兵追来时，孟尝君一行已越过秦国最后一道关口。这次孟尝君能够虎口脱险，全靠“狗盗”、“鸡鸣”之徒。

孟尝君回到齐国，当了齐国的相国。他把门客分为几等：头等的门客出去有车马，一般的门客吃的有鱼肉，至于下等的门客，就只能吃粗菜淡饭了。

随着门客的增多，孟尝君的声望越来越高。秦昭襄王听到齐国重用孟尝君，很担心，暗中派人到齐国去散播谣言，说孟尝君四处收买人心，就是要做齐王。齐[illegible]王听信了这些话，认为孟尝君名声太大，威胁到了他的地位，决定收回孟尝君的相印。

孟尝君被革了职，只好回到他的封地薛城去，3000多门客大都散了，但鸡鸣狗盗的故事却一直流传至今。

刮目相待

经典故事

三国时，吴国有位将领，名叫吕蒙。他追随孙权南征北战，为东吴建立立下了汗马功劳。

吕蒙不仅是一个将才，而且是一个全才，文武兼备，不过吕蒙小时候却是一个不肯用功读书的人。长大后，虽然有一身武艺，但却没有多少学识。鲁肃刚开始见到吕蒙时，觉得他就是一介莽夫，很瞧不起他。

有一天，吴王孙权对吕蒙说道："吕蒙啊，你现在身居要职，掌握重权。在这样一个位置上，光靠一点小聪明，没有学识是不行的，一定要进一步去学习充实自己啊！"

吕蒙摸着头笑道："是啊，我确实要学点东西了，可是我每天要训练士兵，处理军中事务，哪有时间学习！"

孙权说："你这是说的什么话！我又不是想要你钻研经史典籍，成为学问渊博的学者，去当教书先生。我只是觉得你应该广泛地学点知识，充实你的头脑，开阔你的视野，把一些知识融会贯通，运用到用兵打仗上去，不必去深钻精通。你说要处理许多事务，难道你要处理的事务比我的还多么？我要掌管东吴子民，每天处理很多奏章，但是我常常感到知识的不足，每天都要抽出一点时间读书。日积月累，受益匪浅，你好好想想吧。"

吕蒙觉得孙权说得很对，便开始学习。工夫不负有心人！渐渐地，兵营里的士兵开始发现吕将军说话的水平提高了，不再像以前那样说粗话，逐渐有了书生气。吴王孙权看到吕蒙进步很快，当众夸奖了他。

清朝光绪年间刊印的《增像全图三国演义》中吕蒙的画像

文意解读

人分别后三天，就该用新的眼光看他，另眼相待了。比喻去掉旧日的看法，用新的眼光来看待人或事物。

典故溯源

晋·陈寿《三国志·吴书·吕蒙传》注引《江表传》："士别三日，即更刮目相待。"

一天，鲁肃遇到吕蒙，吕蒙便与他讨论起天下大事来。鲁肃原本想敷衍他两句，却惊奇地发现吕蒙谈吐不凡，对形势的分析也非常有见地，就诧异地说：“将军你如今的才干谋略，已不再是过去的东吴吕蒙可相比的了！”

关羽像。关羽对吕蒙疏于防范，大意失荆州，后败走麦城，最后被杀。

吕蒙笑道：“对于有志气的人，分别了数日后，就应当擦亮眼睛重新看待他的才能，老兄你为什么看到事物的变化这么晚呢？”

鲁肃哈哈大笑：“是啊，我很佩服你呢，今天咱们好好聊个痛快吧！”

“好！去我们家吧，家母做得一手好菜呢。”

鲁肃于是拜见了吕蒙的母亲，并与吕蒙结为了好友。

鲁肃去世前，推荐吕蒙接替了他的职务，深受孙权的器重。

东吴自立国后，一直想夺回关羽镇守的荆州，但一直没有成功。而荆州一日不夺回，就对东吴有一天的威胁。

吕蒙接替了鲁肃的职位后，率军驻扎在陆口（在今湖北嘉鱼西南）。他认为关羽有兼并东吴的野心，于是上书孙权要求出兵征讨关羽。

正好此时，曹操也派兵南下，关羽受到曹吴的南北夹攻。吕蒙假托有病，另派陆逊去接替自己。这个消息很快传到樊城，关羽也就放松了对东吴人马的戒备。

吕蒙乘机到了浔阳（今湖北黄梅西南），选了一批精锐的兵士，把所有的战船都改装成商船。到了晚上，船舱里的兵士一起出来，偷偷摸进江边岗楼，把蜀军将士全部抓住，占领了岗楼。

吕蒙大军神不知鬼不觉地占领了北岸，进军公安。留守公安、江陵的蜀军将领本来对关羽很不满意，经吕蒙一劝，都投降了。

关羽到这时候才知道对东吴的防备太大意，可是已经来不及了。他只好带了人马逃到麦城（今湖北当阳东南）。吕蒙进军麦城，派人劝关羽投降。关羽带着十几个骑兵往西逃走。

吕蒙早已派兵埋伏在小道上，把关羽和十几个骑兵截住，活捉了关羽。吕蒙知道关羽不肯投降，下令就地把他杀了。

刻舟求剑

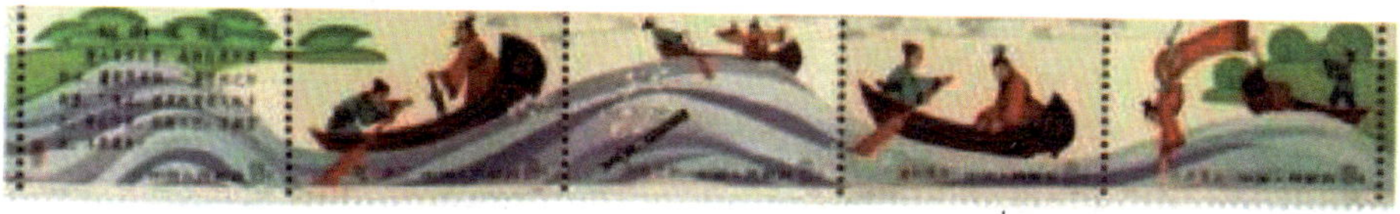

刻舟求剑系列邮票

经典故事

战国时，楚国有个人坐船渡江。船到江心，他一不小心，把随身携带的一把心爱的宝剑掉落江中。他赶紧去抓，已经来不及了。

船上的人对此感到非常惋惜，但那楚人似乎胸有成竹，马上掏出一把小刀，在船舷上刻上一个记号，嘴里还喃喃自语：“千万不能忘记，我的宝剑是从这里掉下去的。”

同船人见他不慌不忙的样子都很纳闷，就问他：“为什么不赶快下水捞宝剑？你在船舷上刻个记号有什么用呀？”大家都不理解他为什么这样做。

“着什么急，我的宝剑是从这个地方掉下去的，等船一靠岸，我就要从这个刻有记号的地方跳下水去，把宝剑找回来。”

船靠岸后，那楚人立即从船上刻记号的地方下水去捞取掉落的宝剑。捞了半天，也不见宝剑的影子。他觉得很奇怪，自言自语地说：“我的宝剑不就是在这里掉下去的吗？我明明是在这里刻了记号的，怎么会找不到呢？”

同船的人看到他用这种方法找剑，就笑着说：“宝剑掉到江里以后，船继续前进，而宝剑沉在水底下是不会跟着走的，怎么能找到呢？”

像此人这样以固化的眼光看待发展的事物，真是太愚蠢了。

文意解读

在剑落水的船身上刻上记号，再去找剑。比喻拘泥、不变通，不懂得根据实际情况处理问题。也比喻徒劳无功，达不到目的。

典故溯源

《吕氏春秋·察今》：“楚人有涉江者，其剑自舟中坠于水。遽契其舟，曰：‘是吾剑之所从坠。’舟止，从其所契者入水求之。舟已行矣，而剑不行，求剑若此，不亦惑乎！”

卧薪尝胆

文意解读

睡觉睡在柴草上，吃饭睡觉前都要尝一尝苦胆。形容人刻苦自励，发愤图强。

典故溯源

汉·司马迁《史记·越王勾践世家》：“越王勾践反国，乃苦身焦思，置胆于坐，坐卧即仰胆，饮食亦尝胆也。”

替父报仇的吴王夫差

经典故事

吴王阖闾打败楚国后，成为了南方的霸主。越国是吴国的邻国，两国素来不和。公元前 497 年，越国国王勾践即位。为了征服越国，吴王发兵攻打越国。两国在槜李展开了一场大战，吴王阖闾以为可以打赢，没想到打了败仗，自己中箭受了重伤，再加上年纪已老，回到吴国就死了。

吴王阖闾死后，儿子夫差即位。

夫差为了报父仇，让伍子胥和另一个大臣伯嚭操练兵马，准备攻打越国。

过了两年，吴王夫差亲自率领大军去攻打越国。越国有两个能人，一个叫文种，一个叫范蠡。范蠡对勾践说：“吴国练兵快 3 年了，这回决心报仇，来势凶猛。咱们不如守住城，不要跟他们作战。”

勾践不同意，派大军去跟吴国军队交战。两国的军队在太湖一带开战，越军果然大败。

越王勾践带了 5000 残兵败将逃到会稽，被吴军俘虏了。

勾践来到吴国，夫差让他们夫妻俩住在阖闾大坟旁边的一间石屋里，叫勾践给他喂马，勾践的夫人跟着做奴仆的工作。夫差每次坐车出去，勾践就给他拉马。这样过了两年，夫差认为勾践真心归顺了他，就放勾践返回了越国。

勾践回到越国后，立志报仇雪耻。他唯恐眼前的安逸消磨了志气，于是在睡觉的地方挂上一个苦胆，每逢吃饭和睡觉前，都要先尝一尝苦味，还经常自问：“你忘了会稽的耻辱吗？”他还把席子撤去，用柴草当褥子。这就是后来人们传诵的“卧薪尝胆”。

勾践决心要使越国富强起来。他亲自参加耕种，叫他的夫人自己织布，来鼓励生产。因为越国遭到亡国的灾难，人口大大减少，他制定出奖励生育的制度。

卧薪尝胆、终成霸业的越王勾践

他叫文种管理国家大事，叫范蠡训练人马，自己虚心听取别人的意见，救济贫苦的百姓。全国的百姓都非常希望这个受欺压的国家能够成为强国。

公元前 484 年，吴王夫差要去攻打齐国。伍子胥急忙去见夫差，说：“我听说勾践卧薪尝胆，跟百姓同甘共苦，看来是要报仇。不除掉他，总是后患。希望大王先去灭了越国，再攻打齐国。”

吴王夫差哪里肯听伍子胥的话，执意带兵攻打齐国，结果打了胜仗回来。文武百官全都道贺，只有伍子胥反倒批评说：“打败齐国，只是占点小便宜；越国来灭吴国，那才是大祸患呀！”

这样一来，夫差越来越讨厌伍子胥，再加上伯嚭在背后尽说伍子胥的坏话，最后，夫差给伍子胥送去一把宝剑，逼他自杀。伍子胥临死的时候，气愤地对使者说：“把我的眼珠挖去，放在吴国东门，让我看看勾践是怎样打进来的。”

夫差杀了伍子胥，任命伯嚭做了太宰。

公元前 475 年，越王勾践经过充分准备，大规模地进攻吴国，吴军接连败退。越军把吴都包围了两年，夫差被逼得走投无路，说：“我没有面目见伍子胥了。”说完，就用衣服遮住自己的脸，自杀了。

后来，勾践北上中原与各地诸侯会盟，成为春秋时期最后一个霸主。越王勾践“卧薪尝胆”，终于使自己成就了一番伟业！

奉公守法

经典故事

《史记·廉颇蔺相如列传》介绍战国时期的将军赵奢时，叙述了这么一个故事：起初，赵奢在赵惠文王时只是个田部吏（经收田税的小官）。他很有才干，刚正廉洁，不附权贵，不畏豪强，办事公道，执法严明。可当时，征收田赋特别难，尤其是征收官家的就更难。那些豪强官吏都不愿意交纳赋税，并且还凭借自己的权力抗税。因此，当时有一种说法：征收小官的，小难；征收大官的，大难；征收王亲国戚的，难上加难！由此可见，当时征收赋税是多么的困难啊！不过，赵奢不怕那些官吏，无论是谁，他都不放过。

当时，赵国的相国是平原君。有一天，赵奢带人来征收平原君的田赋。在去之前，很多人都劝赵奢别去了，毕竟人家是相国啊！可是，赵奢不听，带着手下人员来到平原君的门口。

赵奢向平原君的一位家臣说："我们是来征税的。"谁知这位家臣傲慢地看了一眼赵奢，说："你知道你站在谁家府门外吗？"

赵奢耐着性子点了点头。

这位家臣更傲慢了："既然你知道，为何又来征收田赋？"

"难道平原君就不该上交田赋？"

平原君赵胜

"废话！平原君与惠文王是兄弟。还交什么田赋？还不快快给我滚开！"说罢，就要赶赵奢走。

赵奢愤怒道："岂有此理！大王有令，违抗君令不交赋者，斩！来人，将他绑了，就地斩首！"于是，平原君的家臣被赵奢给斩了。

平原君的家臣一看赵奢把他们的人说斩就斩，都非常气愤，纷纷上来围攻赵奢。不过，他们根本不是赵奢的对手，转眼间被斩了 9 个人。顿时，平原君家的大门口血流满地。

看到这种情况，赵奢的随从都害怕了：赵大人这下可犯大罪了！杀了平原君的家臣，岂不是虎口拔牙。

平原君知道后怒不可遏，命令士兵把赵奢擒进府内，二话不说，就要问斩。

赵奢毫无惧色，挺着胸膛问平原君：“你为何斩我？”

平原君冷笑说：“那你先回答我，为何一连斩杀我 9 名家臣？”

赵奢说：“拒交田赋，王法不容。”

平原君又问：“你知道我是谁吗？”

赵奢说：“知道！”

平原君大叫：“既然你知道我是谁，为何还敢杀我家臣？你也太大胆了吧！”说完，又命令手下把赵奢带去问斩。

文意解读

奉公行事，遵守法令。形容办事守规矩。

典故溯源

汉·司马迁《史记·廉颇蔺相如列传》：“以君之贵，奉公如法则上下平，上下平则国强。”

赵奢在这命悬一线的时刻，依然沉着冷静，说：“你是赵国相国，名扬天下的贤公子，可你却纵容家臣拒交田赋，不奉公守法。如果都像你这样不奉公，王法会失去作用。有法不依，那谁还交田赋？赋税难征，那国家还能维持下去吗？法律不能发挥作用，而国家又很贫困，到时肯定会发生内乱。一旦发生内乱，外敌就会乘虚而入侵略我国。到那时候，国家保不住，你的地位、财富、名誉又怎能保得住？”

平原君听了赵奢的话，觉得很有道理，便把他释放了。

平原君认为他是个贤明能干的人，就向赵惠文王报告了这件事，并向赵王举荐赵奢。赵惠文王就派赵奢掌管全国的赋税。赵奢上任之后，严格执行国家的法令制度，不论什么人，如有胆敢违反者，就给予严厉的惩罚。不久，赵国的财政收入增加了，国库充实了，国家富强起来。

之后赵奢被任命为将军，统率赵国的军队，去救援被秦国军队包围的韩国，大破秦兵，立下大功，被赵王封为马服君。

后来，人们根据这个故事，把赵奢说的“奉公如法”改为“奉公守法”这句成语，用来说明严格地遵守国家的法令制度。

孤注一掷

文意解读

赌输的赌徒在快输光时，往往会把所有的钱押上作为最后一次赌注，叫做“孤注一掷”。比喻在危急时用尽所有力量作最后一次冒险。

典故溯源

《宋史·寇准传》：“博者输钱欲尽，乃罄所有出之，谓之孤注。”

懦弱的宋真宗

经典故事

北宋期间，北宋和辽国一直处在对峙状态。

宋真宗时，辽国萧太后和圣宗亲率大军南下，深入宋境，围攻定州，来势汹汹。消息传至京城，朝野震惊，真宗急召群臣商量对策，主和、主战两派各持己见。王钦若是江南人，主张迁都金陵（今江苏南京）；陈尧叟是蜀人，劝真宗逃到成都去。宋真宗听后，犹豫不决，便问宰相寇准怎么办。

寇准看到这两个人站在旁边，就知道是他们出的主意，他声色俱厉地说：“这是谁出的主意？出这种主意的人，应该先斩他们的头！”他坚持说，只要皇帝亲自带兵出征，鼓舞士气，一定能打退辽兵；而如果放弃京城南逃，人心动摇，敌人就会乘虚而入，国家就保不住了。

为了防止王钦若再向真宗进言，寇准便把王钦若调离京城，出任地方官。朝廷中的主迁派失去了核心人物，懦弱的真宗也只得决定亲征，却迟迟不肯出发。

为了催促真宗早日起程，寇准颇费了一番心思。前线战事日趋紧急，急报一封接着一封发到朝廷，他故意扣留下来，先不让真宗知道，等积累多了一并呈给真宗看。真宗一见这么多急报，就慌了手脚，忙问该怎么办。寇准不紧不慢地说：“陛下是想尽快解决此事呢，还是想慢慢来？”真宗当然是想尽快解决。寇准趁势说道：“只要陛下御驾亲征，此事五日之内就能解决。”无奈之下，真宗只得同意立即出征。此后，朝廷确定了亲征的相关事宜，安排雍王留守京城，真宗于公元 1004 年（景德元年）11 月 20 日出发亲征。

当时辽军主力早于真宗到达澶州（今河南濮阳）城下。宋朝大军行动迟缓，11 月 25 日才到达澶州南城。澶州以黄河为界，分南、北两城，南城相对较为安全。

真宗看到河对岸烟尘滚滚，便想留在南城，不去北城。寇准见状，劝他说："宋军的主力都在北城，陛下如果不去北城，亲征就没有任何意义了。再说各路大军已经陆续到达澶州，不会有什么危险。"高琼也劝真宗过河，不等真宗同意，他就催促卫兵们护送真宗前进。真宗勉强到了北城，在城楼上召见了各军将领。宋军将士看到城楼上的黄龙旗，得知皇帝到了，立即高呼万岁，士气大振。

当时，澶州城已三面被辽军围困。宋军便在要害的地方设下弩箭。辽军主将萧达兰带了几名骑兵视察地形，正好进入宋军伏弩阵地，弩箭齐发，萧达兰中箭丧命。

萧太后听说宋真宗亲自率兵抵抗，而自己这边又痛失主将，觉得胜负难料，便派使者到宋朝行营议和，要宋朝割让土地。宋真宗听到辽朝肯议和，正合他的心意，不顾寇准反对，和辽国签订了协议，史称"澶渊之盟"。

与辽国达成盟约后，边境得以安定，宋真宗再也不用担惊受怕了。从此，宋真宗对寇准更加重用，每事必征求他的意见，这引起了王钦若的嫉妒。于是王钦若便经常在宋真宗面前说寇准的坏话："陛下您听说过赌博吗？赌输的赌徒往往会把所有的钱押上作为最后一次赌注，叫做'孤注一掷'。寇准再三要陛下亲征，陛下不是成了寇准的'孤注'了吗？丝毫不顾及皇上的安危啊！"宋真宗听信了谗言，越想越后怕，不久便罢免了寇准的宰相之职。

寇准被贬到雷州后，生活艰难，身体很快垮下来。第二年秋天，寇准在忧郁中病逝。

抱薪救火

经典故事

战国末年，秦国采取远交近攻的政策，不断吞并临近国家，扩充自己的领土。其中，魏国就经常受到秦国的侵略。魏国的安□王刚刚即位，秦国就加紧了对魏国的进攻。

安□王元年（公元前 276 年），秦国进攻魏国，魏国失去了两个城镇；第二年，魏国又失去了三个城镇。不仅如此，秦国的军队已直逼魏国的都城，形势十分危急。

韩国派兵来援救，但也被秦军打败。魏国没有办法，只得割让了土地，才算平息了这场战争。可是到了第三年，秦国又发动进攻，强占了魏国的两个城镇，并杀死了数万人。

魏国军队的接连败北，使安□王坐卧不安。此时，魏国的一位大将段干子也十分恐惧。为了苟且偷安，他向安□王建议，把南阳割给秦国，请求罢兵议和。安□王本来就对秦军的进攻十分害怕，以为割让土地就可以求得太平，便答应了。

当时有个叫苏代的人，他却极力主张各国联合起来抵抗秦国。苏代得知魏国割地求和的事后，就对安□王说：“侵略者贪得无厌，你这样用领土、主权来换取国家的和平，是办不到的。只要你国家的政权还在，就无法满足侵略者的欲望。这好比抱着柴草去救火，柴草一把一把地投入火中，火怎么能扑得灭呢？柴草一天不烧完，火是一天不会熄灭的。”

但是，安□王不肯听从苏代的话，仍然一味屈膝求和。这样没过几年，魏国最终被秦国所灭。

元青花中的苏代持笏

文意解读

抱着柴草去救火。比喻人想消灭灾害，但使用的方法不当，反而使灾害扩大，变得更严重。

典故溯源

汉·司马迁《史记·魏世家》：“且夫以地事秦，譬犹抱薪而救火，薪不尽，火不灭。”

杯弓蛇影

经典故事

关于“杯弓蛇影”的故事，有两种说法。

一种说法是：有一年夏天，县令应郴请主簿（办理文书事务的官员）杜宣喝酒。酒席设在厅堂里，北墙上悬挂着一张红色的弓。由于光线折射，酒杯中映入了弓的影子。杜宣看了，以为是一条蛇在酒杯中蠕动，顿时冷汗涔涔。但县令是他的上司，又是特地请他来喝酒的，他不敢不喝，只得硬着头皮喝了几口。仆人再斟时，他借故推却，起身告辞走了。

回到家里，杜宣疑心刚才饮下的是有蛇的酒，又感到随酒入口的蛇在肚中蠕动，觉得腹部异常疼痛，难以忍受，吃饭、喝水都非常困难。家里人赶紧请大夫来诊治，但他吃了许多药病情还是不见好转。

过了几天，应郴有事到杜宣家中，问他怎么会闹病的。杜宣便讲了那天喝酒时酒杯中有蛇的事。应郴安慰他几句，就回家了。

回家后，应郴坐在厅堂里反复回忆和思考，但怎么也弄不明白杜宣酒杯里怎么会有蛇的。突然，北墙上的那张红色的弓引起了他的注意。他坐在那天杜宣坐的位置上，取来一杯酒，也放在原来的位置上。结果发现，酒杯中有弓的影子，不仔细观看，确实像是一条蛇在蠕动。

应郴马上命人用马车把杜宣接来，让他坐在原来的位置上，叫他仔细观看酒杯里的影子，并说：“你说的杯中的蛇，不过是墙上那张弓的倒影罢了，没有其他什么怪东西。现在你可以放心了！”

文意解读

将映在酒杯里的弓影误认为蛇。形容疑神疑鬼，自相惊扰。

典故溯源

汉·应劭《风俗通义》：“时北壁上有悬赤弩照于杯，形如蛇。宣畏恶之，然不敢不饮。”《晋书·乐广传》亦记载：“尝有亲客，久阔不复来，广（乐广）问其故。答曰：前在坐，蒙赐酒，方欲酒，见杯中有蛇，意甚恶之，既饮而疾。于时河南听事壁上有角弓，漆画作蛇，广意杯中蛇即角影也。复置酒于前处，谓客曰：酒中复有所见不？答曰：所见如初。广乃告其所以，客豁然意解，沉疴顿愈。”

杜宣弄清原因后，疑虑立即消失，病也很快痊愈了。

还有另一种说法：晋朝有一个叫乐广的人，非常喜欢结交朋友，并经常请朋友到家里喝酒聊天。

一天，乐广做了一桌子的好菜宴请宾客，大厅中觥筹交错，异常热闹。大家猜拳行令，饮酒作乐。

一位客人正举杯痛饮，无意中瞥见杯中好像有一条游动的小蛇，但碍于众多客人的情面，他硬着头皮把酒喝下。后来，这位客人没有说明原因就告辞离开了。这让乐广感到很纳闷：他为什么突然就走了呢？

过了好几天，乐广一直没有见到这位朋友，就亲自登门去看望他。谁知这位朋友已经病了好几天了，而且病得很厉害。

乐广奇怪地问："前几天喝酒的时候，你不是还好好的，怎么一下子就病得这么厉害了？"

刚开始这位朋友支支吾吾什么也不说，后来在乐广的再三追问下，这位朋友才说出实情："那天你盛情招待我，本来大家喝得很高兴。我喝了几杯以后，突然发现我的酒杯里有一条蛇，而且还慢慢地蠕动。我当时又惊又怕，还觉得恶心，但你的盛情难却，所以我勉强喝了那杯酒就匆匆离开了。回家后，我感到全身都不舒服，总觉得肚子里有一条小蛇在蠕动。就这样，我便一病不起。"

乐广得知他的病情后，思前想后，终于记起他家墙上挂有一张弯弓，他猜测这位朋友所说的蛇一定是倒映在酒杯中的弓影。于是，他再次把朋友请到家中，邀朋友举杯。那人刚举起杯子，墙上弯弓的影子又映入杯中，宛如一条游动的小蛇，他惊得目瞪口呆。

这时，乐广指着墙上挂着的弓，说："都是它在作怪，杯中的蛇是这张弓的影子！"随后，乐广把弓从墙上取下来，杯中小蛇果然消失了。这位朋友恍然大悟，终于舒了一口气，开心地对乐广说："噢，原来是这样啊，杯中的蛇竟然是墙上弓的影子！"

这位朋友疑窦顿开，压在心上的石头终于消失了，病也随之痊愈。

画饼充饥

经典故事

三国时期，有一个人叫卢毓，在魏国做官，由于他为魏文帝曹丕出了许多好主意，因此，受到朝廷器重，升为侍中、中书郎。后来，卢毓被魏文帝提升为吏部尚书。

有一次，魏文帝让卢毓推荐一个接替侍中职位的人选，卢毓推荐了郑冲。文帝对郑冲很了解，没有同意，让卢毓选一个自己不熟悉的人。于是卢毓又提出孙邕，被任用了。

后来，朝廷想选拔一个中书郎，当时诸葛诞、邓艾等人在宫中都很有名气，但魏文帝却说："选举莫取有名，名如画地作饼，不可啖也。"提醒卢毓推举人不要凭他的名声，名声好比是地上画的饼，并不能吃。任用人才要唯德唯实，不能任用那些只有虚名的人。

卢毓回答说："靠名声是不能衡量一个人的才能，但是，可以发现一般的人才。由于修养高、行为好而有名的，是不应该厌恶他们的。我以为主要是对他们进行考核，看他们是否真有才学。现在废除了考试法，全靠名誉提升或降职，所以真伪难辨，虚实混淆。"魏文帝于是采纳了卢毓的意见，下令制定考试法。

文意解读

原指画饼以解饥饿，比喻徒有虚名而无实惠，于事无补。后来用来比喻徒有虚名无实用价值。也比喻以空想聊以自慰。

典故溯源

晋·陈寿《三国志·魏书·卢毓传》："选举莫取有名，名如画地作饼，不可啖也。"

指鹿为马

经典故事

秦朝有一个大奸臣，名叫赵高，深得秦始皇的信任，被任命为中车府令。

秦始皇死后，赵高心怀叵测，认为时机已到，就进一步施展自己的计划。赵高深知，扶苏是个有本事的人，又有蒙氏兄弟辅佐，一向厌恶自己贪暴卑劣的人品。一旦扶苏即位，必将对自己不利。于是赵高暗自定下一个阴谋：扣下秦始皇给扶苏的遗诏，篡改诏书的内容，乘机拥立胡亥为太子，借以取得更高的权势、地位和财富。

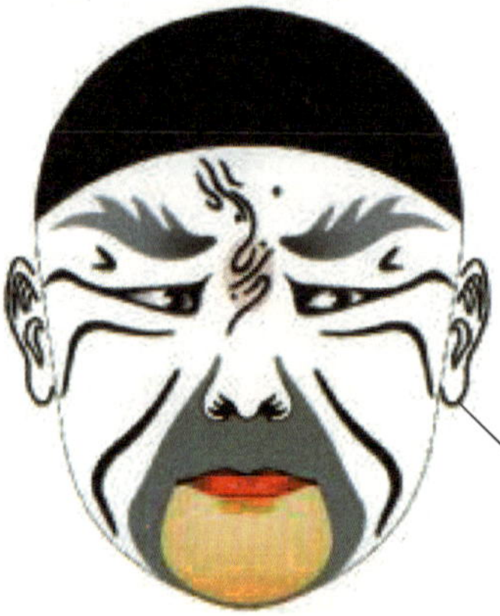

京剧《宇宙锋》中赵高的脸谱形象（周子仪绘）

鉴于秦始皇在外地驾崩，当时又没有正式确立太子，赵高和丞相李斯封锁了秦始皇去世的消息，急速赶往咸阳。他们把秦始皇的尸体放在一辆可以调节温度的车子里，每日照常按时送水饭，并让一个太监坐在车子里，批阅答复大臣们的奏章。当时李斯同意这么做是怕天下人知道真相发生动乱，也担心众皇子争位，但赵高却利用这一时机施展了他的阴谋。

赵高扣住秦始皇给扶苏的诏书，劝胡亥篡夺皇位。在赵高的怂恿下，胡亥答应了。

赵高又去找丞相李斯商议。李斯经过一番激烈的思想斗争后，终于向赵高屈服了。

后来，赵高又设计杀死了李斯。李斯死后，赵高官拜中丞相，事无大小都由他裁决。

文意解读

指着鹿，说是马。比喻故意颠倒黑白，混淆是非。

典故溯源

汉·司马迁《史记·秦始皇本纪》：“赵高欲为乱，恐群臣不听，乃先设验，持鹿献于二世，曰：‘马也。’二世笑曰：‘丞相误邪？谓鹿为马。’问左右，左右或默，或言马以阿顺赵高。”

虽然赵高当了丞相，把朝中的一切大权都把持在手里，可是他并不满足，还想篡权当皇帝。可朝中大臣有多少人能听他摆布，有多少人反对他，他心中没底。于是，他想了一个办法，准备试一试自己的威信，同时也可以摸清反对他的人。

一天，上朝的时候，赵高牵来一只鹿，献给了秦二世。他当着大臣们的面，用手指着鹿故意说："这真是一匹好马呀！我特意把它献给陛下。"

秦二世一看，心想：这哪里是马，分明是一只鹿嘛！便笑着对赵高说："丞相搞错了，这是一只鹿，你怎么说是马呢?"

"这的确是一匹好马，陛下不信吗？请陛下看清楚，这的确是一匹千里马。"

秦二世又看了看那只鹿，将信将疑地说："马的头上怎么会长角呢?"

赵高一转身，用手指着众大臣，大声说："陛下，这是马不是鹿，不信可问问大臣们，它究竟是马还是鹿?"

大臣们都被赵高的一派胡言搞得不知所措，私下里嘀咕：这个赵高搞什么名堂？是鹿是马这不是明摆着嘛！

大臣们都知道赵高为人阴险狠毒，许多人畏惧他的权势，明明知道赵高说的"马"是一只鹿，但是为了拍赵高的马屁，就顺着赵高说："是呀，这的确是匹宝马啊！"

一些胆小又有正义感的人都低下头，不敢说话，因为说假话对不起自己的良心，说真话又怕日后被赵高所害。

事后，赵高暗中对不承认是马的大臣加以迫害，将他们投入监狱。此后，大臣们对他更畏惧了。

后来，就连秦二世对长期专权的赵高也很不满。坏事做尽的赵高害怕二世追究他的过失，决定先下手为强，派亲信强迫秦二世自杀，然后操纵政局，欲立公子婴为秦王。

公子婴认识到赵高的险恶用心，经过周密的策划，在赵高督促其到宗庙受玺的时候，令早已埋伏好的手下人挥剑杀死了赵高，结束了他罪恶的一生。

洋洋得意

经典故事

春秋时，齐国有一个大夫叫晏婴。晏婴是当时一位著名的政治家和外交家，他才智过人，能言善辩，人皆称之为晏子。

据记载，有一次，晏子出使楚国，楚国的君臣想戏弄一下晏子，显显楚国的威风。

晏子来到楚国，楚国人认为晏子身材矮小，在大门的旁边开了一个小门让晏子进去。晏子走到小洞前边，看了看，说："这是狗洞，不是城门。出使狗国的人，才从狗洞进。今天，我是出使楚国，不是出使狗国。请问我是来到了狗国，还是来到了楚国？"楚国人无话可对，只好打开城门，迎接晏子进去。

晏子拜见楚王。

楚王说："难道齐国没有人可派遣了吗？竟派您出使。"

晏子回答说："齐国的都城临淄有 7500 户人家，人们一起张开袖子，天就阴暗下来；一起挥洒汗水，就会汇成大雨；街上行人肩膀靠着肩膀，脚尖碰脚后跟，怎么能说没有人呢？"

楚王说："既然有这么多人，为什么要派你这样的人来出使呢？"

晏子不慌不忙地回答："噢！这您就不知道了。我们齐国派遣使臣有个规矩：要是对方是个上等国家，就派一个有本事、有德行的人去；要是对方是个下等国家，就派一个庸碌无能的人去。因为我是最没出息的，所以才把我派到这里来。"

楚王听罢，更觉无可奈何，之后又请晏子赴宴。在宴席上，两个差役绑着一个人到楚王面前来。

楚王说："绑着的人是干什么的？"

差役回答说："是齐国人，犯了偷盗罪。"

楚王看着晏子说："齐国人原来是善于偷东西的吗？"

晏子离开座位郑重地回答说："我听说过这样的事，橘子树长在淮河以南就是橘树，生长在淮河以北就是枳树，只是树叶相似，可它们的果实味道却不同。这是什么原因呢？是水土不一样啊。一个人在齐国不偷东西，一到楚国就偷起来了，莫不是楚国的水土使人喜欢偷东西吗？"

楚国的一位下大夫又说："齐国自太公封国建邦以来，煮盐垦田，富甲一方，兵甲数万，足以与楚国抗衡。为什么在称霸中原以后竟然昙花一现，再也不能领袖诸侯，反而来向我楚国结盟呢？"晏子从容而对曰："识时务者为俊杰，通机变者为英豪。先前自周失政于诸侯之后，诸侯连年抗争，国力都受到影响，就连你们楚国也正处在内忧外患之中，难道只有齐国衰弱了吗？我到你们楚国来，是正常邻国之间的友好往来，你怎么不懂这样一个简单的道理呢？"在晏子的质问之下，下大夫无言以对，红着脸退到一边去了。

给晏婴驾车的车夫的妻子

晏婴不仅才智过人，而且行为稳重，表现得很谦恭，反而他的车夫经常得意洋洋。有一次，车夫的妻子见到丈夫给晏婴驾车时表现得十分得意，很生气，提出要离开他。车夫问及原因，妻子说："人家晏子身长不满三尺，身为齐国丞相，名显诸侯，表现得很稳重、很谦恭。而你身长八尺，仅仅是一个车夫，却表现得洋洋得意，觉得自己很了不起，所以我要离开你。"

后来，这位车夫处处表现得很谦恭。晏子看了很奇怪，问车夫是怎么回事。车夫将妻子的话如实说了。后来，晏子将这位知错便改的车夫推荐为大夫。

文意解读

形容得意时神气十足的姿态。

典故溯源

汉·司马迁《史记·管晏列传》："其夫为相御，拥大盖，策驷马，意气扬扬，甚自得也。"

狡兔三窟

经典故事

春秋时，齐国有位公子号孟尝君，他非常喜欢与有侠客风范的人交朋友，在家里一共养了大约 3000 个门客。

其中有一个叫冯谖的人，也没什么专长，孟尝君还是把他留了下来。但孟尝君觉得冯谖没有什么专长，一般也不去理会他。

冯谖心里很不高兴，天天发牢骚。孟尝君知道以后，就把冯谖由下等的客人升为上等的客人，还送给冯谖的母亲吃的和用的东西。

大约过了一年，孟尝君当上了齐国的相国。他在薛地放了一大笔债，到收利息的时候，冯谖自告奋勇要去，孟尝君就把他找来，说：“我平时太忙，对先生照顾不够，请您原谅。现在听说您愿意上薛地去一趟，替我收债，不知道是不是？”冯谖很爽快地答应了。临走的时候，他问孟尝君：“收完债以后，要买点什么回来吗？”孟尝君说：“你看我家缺什么就买什么吧。”

冯谖到了薛地，通知欠债的人，说，不管还得起还不起的都要来，还不起不要紧，来核对一下债券就行。聚会那天，债户们都来了。冯谖同债户们一一核对了债券。凡是当时能给利钱的，就收下他们的钱；一时没钱的，就约好归还的期限；穷得实在还不起的，就干脆把他们手中的债券收回，随即当着大家的面，一把火把那些债券都给烧了。

债户们看了又惊又喜，不知道是怎么回事。这时候，冯谖站起来说：“孟尝君借钱给你们，是看到大家没有本钱务农经商，难以度日；本来他是不想收利钱的，可是他有一大帮门客要养

文意解读

狡猾的兔子准备好几个藏身的窝。比喻隐蔽的地方或方法多。

典故溯源

《战国策·齐策四》：“狡兔有三窟，仅得免其死耳。”成语“高枕无忧”也出于此。

活，所以叫我来收利钱。如今核对了债券，能付的都付清了，暂时没钱的都约定了归还的期限，请务必按期交付，实在付不起利钱的，孟尝君说，连本带息都奉送了。所以我把这些人的债券全烧了。这是孟尝君的恩典，大家别忘了啊！”

孟尝君听到冯谖焚烧债券的消息，不由得火冒三丈，气呼呼地责备他。冯谖不慌不忙地解释说：“公子您别急！请您想一想，现在，付得起的，已经定好期限，到期准能交上。付不起的逼急了，他索性跑到别的地方去了，那些债券还有什么用处呢？您要是硬逼他们，得钱不多，倒落个不好的名声，这划不来呀！我把这些没用的债券烧了，使薛地百姓对您感恩戴德，到处颂扬您的美名，这不是大好的事情吗？我临走的时候，您嘱咐我拣您家缺少的东西带回来。我看您这什么都不缺，唯独缺少对穷苦人的情义。所以我就把情义给您买回来了。”孟尝君听了，只好说：“算了，算了，先生休息吧。”从此，对冯谖又冷淡了。

直到后来，孟尝君被齐王解除相国的职位，前往薛地定居。薛地百姓听说孟尝君来此的消息，扶老携幼走出数十里路去夹道欢迎孟尝君。此时他才恍然大悟，冯谖为他买的仁义价值所在，连连感谢冯谖。

孟尝君问冯谖：“你为什么会看得这么长远呢？”

冯谖说：“狡兔有三窟，仅得免其死耳。今有一窟，未得高枕而卧也。”意思是：一只兔子要有三个洞藏身，才仅仅能免除被猎人猎杀的危险。您现在住在薛地，就好像兔子只有一个洞，是很危险的！万一齐国的国君对您不满意要杀您，您连其他躲避的地方都没有！所以，您现在还不能把枕头垫高，安心地睡觉！

孟尝君一听：“那我该怎么办呢？”

冯谖说：“这件事就交给我去办！我会让您像狡兔一样，有三个安全的洞藏身！”

于是冯谖去见梁惠王，他告诉梁惠王说，如果梁惠王能请到孟尝君帮他治理国家，那么梁国一定能够更强盛。梁惠王听了之后立刻派人去请孟尝君到梁国做相国。可是，梁国的使者一连来了三次，冯谖都叫孟尝君不要答应。梁国派人请孟尝君去治理梁国的消息传到齐王那里，齐王一急，赶紧派人请孟尝君回齐国当相国。

同时，冯谖又叫孟尝君在薛地建立宗庙，用来保证薛地的安全。等到薛地的宗庙建好以后，冯谖就对孟尝君说：“现在属于您的三个安身之地都建造好了，从此以后您就可以垫高枕头，安心睡大觉了。”

背水一战

经典故事

秦朝灭亡后，项羽和刘邦又展开了一场战争，这就是历史上著名的楚汉战争。

刘邦手下有一员大将，名叫韩信，本是淮阴人。项梁起兵以后，路过淮阴，韩信去投奔他，在楚营里当小兵。项梁死后，韩信又跟了项羽。项羽见他比较有才能，就让他做了个小军官。

韩信多次向项羽献计，都没有被采用，他感到十分失望。等到汉王刘邦到南郑去的时候，韩信就投奔他，被封为大将。

为了打败项羽，夺取天下，他向汉王详详细细分析了楚（项羽）汉双方的形势，认为汉王发兵东征，一定能战胜项羽。汉王越听越高兴，直后悔没早点儿发现这个人才。从那以后，刘邦就让韩信指挥千军万马，东征项羽的条件也日渐成熟。

公元前 204 年，韩信偷袭魏王豹，灭掉魏国。同年，刘邦又派他与张耳率几万军队向东继续挺进，攻击赵国。韩信的部队要通过一道极狭窄的山口，这山口叫井陉口。赵王歇和赵军统帅陈馀立刻在井陉口屯以 20 万重兵，严密防守。

赵王手下的谋士李左军对大将陈馀说："韩信这次出兵，打了很多胜仗，可谓一路威风凛凛。现在他又乘胜远征，企图攻下赵国，其势锐不可当。不过，他们运送粮食需经千里之遥，要长途跋涉。现在我们井陉山路狭窄，车马不能并进，汉军的粮草队必定落在后面。这样，你暂时给我 3 万人，从小道出击，拦截他们的武器粮草，断绝他们的辎重，汉军不战死也会饿得半死。你在这里坚守要塞，不与他们交战，他们进

日本画家歌川国芳所绘的《胯下之辱》。韩信虽然曾受过胯下之辱，但他没有自暴自弃，后来终成一代名将。

退两难，用不了几天我们就可活捉韩信。”

但大将陈馀不听，仗着兵力优势，坚持要与汉军正面作战。

韩信得知这一情况后非常高兴，命令部队在离井陉 30 里的地方安营。到了半夜，他让将士们吃些干粮，告诉他们打了胜仗再吃饱饭。随后，他派出 2000 轻骑从小路隐蔽前进，要他们在赵军离开营地后迅速冲入赵军营地，换上汉军旗号。然后，韩信又派出 1 万人，沿着河岸背水摆开阵势。

背水历来是兵家绝地，一旦背水，非死不可。陈馀得知消息，大笑韩信不懂兵法，不留退路，自取灭亡。

到了天明，韩信率军发动进攻，双方展开激战。不一会儿，韩信、张耳佯装败退，向河岸阵地靠拢，陈馀则指挥赵军拼命追击。这时，韩信命令主力部队出击，背水结阵的士兵因为没有退路，也回身猛扑敌军。这时韩信埋伏的 2000 轻骑兵见赵军倾巢出击，立即飞奔驰入赵营，拔掉赵军的军旗，换上了汉军的旗帜。

赵军无法取胜，正要撤军回营，但见营中已插遍了汉军旗帜，于是四散奔逃、溃不成军。这时汉军两面夹击，赵军大败。汉军士兵们杀死了陈馀，抓获了赵王。

在庆功的时候，将领们问韩信：“兵法上说，列阵背可以靠山，前面可以临水泽，现在您让我们背靠水排阵，还说打败赵军再美餐一顿，我们当时不相信，然而竟然取胜了，这是一种什么策略呢？”

韩信笑着说：“这也是兵法上有的，只是你们没有注意到罢了。兵法上不是说‘陷之死地而后生，置之亡地而后存’吗？如果是有退路的地方，士兵都逃散了，怎么能让他们拼命呢！”

淮阴侯韩信画像，出自 1921 年出版的由清代著名画家上官周创作的《晚笑堂竹庄画传》。

文意解读

背靠江河作战，没有退路。比喻与敌人决一死战。

典故溯源

汉·司马迁《史记·淮阴侯列传》：“信乃使万人先行，出，背水陈。赵军望见而大笑。”

草木皆兵

谢安画像，出自 1921 年出版的由清代著名画家上官周创作的《晚笑堂竹庄画传》。

文意解读

把山上的草木都当作敌兵，后用以比喻惊慌失措，疑神疑鬼的惊恐心理。

典故溯源

《晋书》记载："坚与苻融登城而望王师，见部阵齐整，将士精锐；又北望八公山上草木，皆类人形，顾谓融曰：'此亦勍敌也，何谓少乎？'怃然有惧色。"

经典故事

西晋末年政治腐败，西北和北方的几个民族乘机脱离晋朝的统治，先后建立了 16 个国家，即所谓"五胡十六国"。其中最大的一个国家是氐族建立的秦国，历史上称为前秦。它原先占领陕西一带，后来逐渐扩大，几乎占领了北方黄河流域的全部地区。那时的晋朝，偏安东南，称为东晋。整个局势形成南北对立的状态。

前秦的国王苻坚，当时气势很盛，欲图以"疾风之扫秋叶"之势，一举荡平偏安江南的东晋，统一南北。

公元 383 年 5 月，苻坚亲自率领 90 万军队（号称百万大军）大举南侵，企图称霸中国。东晋王朝在强敌压境，面临生死存亡的危急关头，以丞相谢安为首的主战派决意奋起抵御。晋孝武帝以谢石为征虏将军兼任大都督，并派谢玄担任前锋都督，谢琰为中郎将，共拨 8 万人马，前去抵抗。可是秦兵多，晋兵少，双方实力悬殊，晋朝的许多官员都很担心。

秦军前锋苻融攻占寿阳（今安徽寿县）后，苻坚亲自率领 8000 名骑兵抵达这座城池。他相信了苻融的判断，认为晋军兵力不足，不堪一击，就想以多胜少，抓住机会，迅速出击。只要后续大军一到，一定可大获全胜。于是，他派一个名叫朱序的人去向谢石劝降。

朱序原来是东晋的官员，对东晋有着深厚的感情。他见到谢石后，报告了秦军的布防、兵力情况，并建议晋军在前秦后续大军未到达之前袭击洛涧（今安徽淮南东洛河）。

谢石、谢玄经过一番商议，就派北府兵名将刘牢之率领精兵5000人，先对洛涧的秦军发起突然袭击。守在洛涧的秦军不是北府兵的对手，抵挡一阵就溃不成军了。

洛涧大捷，大大鼓舞了晋军的士气。谢石、谢玄一面命令刘牢之继续援救硖石，一面亲自指挥大军，乘胜前进，直到淝水（今淝河，在安徽寿县南）东岸。于是，把人马驻扎在八公山边，和驻扎寿阳的秦军隔岸对峙。

苻坚得知洛涧兵败，晋兵正向寿阳而来，大惊失色，马上和苻融登上寿阳城头，亲自观察淝水对岸晋军动静。

当时正值隆冬时节，又是阴天，淝水上空灰蒙蒙一片。苻坚在城楼上一眼望去，只见对岸晋军一座座的营帐排列得整整齐齐，手持刀枪的晋兵来往巡逻，阵容严整威武。再往远处看，对面八公山上，隐隐约约不知道有多少晋兵。

其实，八公山上并没有晋兵，不过是苻坚心虚眼花，把八公山上的草木都看成是晋兵了。一阵西北风呼啸而过，山上晃动的草木就像无数士兵在运动。苻坚顿时面如土色，惊恐地回过头来对苻融说："晋兵是一支劲旅，怎么能说它是弱兵呢?"

出师不利给苻坚心头蒙上了不祥的阴影，他令部队靠淝水北岸布阵，企图凭借地理优势扭转战局。

两军对峙时间一长，就会对晋军不利。于是，谢玄用激将法让苻坚后撤，以便让晋军渡过淝水，决一死战。苻坚暗笑晋军将领不懂作战常识，想利用晋军忙于渡河难于作战之机，来个突然袭击，于是欣然接受了晋军的请求。

谁知，后退的军令一下，秦军如潮水一般溃不成军，而晋军则趁势渡河追击，把秦军杀得丢盔弃甲，尸横遍野，苻坚中箭而逃。

这就是历史上以少胜多的有名战役——淝水之战。《资治通鉴》和《晋书》等记载道：苻坚见"八公山上草木，……风声鹤唳，皆以为晋兵。"后来就成为成语"草木皆兵"、"风声鹤唳"或"风鹤频惊"，形容紧张恐怖、人心惶惶的战乱情况。前两句往往连用，说成"风声鹤唳，草木皆兵"。

草菅人命

经典故事

秦始皇统一六国称霸天下后，为了维护自己的霸权事业，采纳了韩非的意见，以法治为主，崇尚刑罚，提倡以吏为师，严刑酷法成为当时的风尚。

秦始皇在世时犯了一个致命的错误，就是让赵高做了皇子胡亥的老师。赵高奸诈刁钻，狠毒残忍。他教胡亥的都是些有关斩杀、割鼻、断筋甚至夷灭三族的酷刑及其手段，致使胡亥残酷暴虐成性。赵高原受过宫刑，犯过大罪，曾被蒙毅判处死刑。因为他善于钻营，竟从死刑下逃生。他怀抱私仇，千方百计煽动胡亥篡夺帝位。

让赵高做胡亥的老师是秦始皇所犯的一个致命的错误。

文意解读

看待杀人，就像对待割野草一样。指统治者轻视人命，任意残害人命。

典故溯源

汉·班固《汉书·贾谊传》："其视杀人，若艾草菅然。"

公元前 210 年，秦始皇病故。赵高和胡亥、李斯经过一番密谋，毁掉了秦始皇赐给长子扶苏的遗诏，接着又赐令扶苏自杀。就这样，胡亥在赵高和丞相李斯的扶植下，承袭帝位，称二世皇帝，史称秦二世。

胡亥即位后，下令秦始皇后宫中没有子女的妃子都去陪葬。就这样，很多妃子都被活埋。秦二世担心大臣们不服，更害怕诸公子与他争夺皇位，于是连忙去请教他的老师赵高。

赵高说："只有用严刑峻法把先帝大臣和诸公子全部消灭，陛下才可以高枕无忧。"秦二世听了，便更改法律，将公子 12 人全部在咸阳杀死，公主 10 人也被分尸，秦始皇的亲信大臣蒙恬、蒙毅等也没能幸免，株连者不可胜数。从这之后，诛罚日益加剧，群臣人人自危，敢怒不敢言。

看着一批批秦国的旧臣被杀掉，人们连同情的眼泪都不敢流，因为一不小心就可能被判株连之罪。

为修建阿房宫和骊山墓，秦二世从全国征调民工 70 万人，在当时生产力低下的条件下，很多人都被活活累死了。更让人感到不寒而栗的是，为了不使墓内秘密泄露，秦始皇尸体一入墓，不等民工出来，秦二世就下令封闭墓门，把他们全部活埋在里面。

不仅如此，胡亥还把沉重的赋税压在人们的头上，使人们喘不过气来。右丞相冯去疾上奏说："陛下，现如今税赋太重，恐怕会导致百姓造反啊！"可是，胡亥不但不听，反将他残酷杀害。

李斯曲意迎合胡亥，建议他对大臣的罪过要责之以重罚。胡亥听后哈哈大笑，遂颁出"税民深者为名吏"、"杀人众者为忠臣"的法令。在这样的酷刑峻法之下，到处都有受刑之人，闹市上被斩的首级堆积如山。

没过多久，胡亥的暴政终于导致了秦朝的灭亡。

"草菅人命"这个成语是由汉初学者贾谊说的"其视杀人，若艾草菅然"演化而来。

汉文帝曾聘贾谊为"博士"，并担任梁怀王（即汉文帝的小儿子刘揖）的太傅。汉文帝特别宠爱此子，要他多读些书，准备将来把帝位传给他，所以请贾谊来教导他。但贾谊认为："教导皇子，不仅要教他读书，更重要的是要教他做人。假使像秦末的赵高那样教秦二世胡亥，所教的是严刑酷狱，所学的不是砍头割鼻，便是抄斩三族，结果胡亥一继任帝位就胡乱杀人，把杀人当作割草一样不算回事。此非胡亥生性如此，而是因为教他的人没有正确地教导他如何走正道。"

据《汉书·贾谊传》载：贾谊这番话原文是："使赵高傅胡亥而教之狱，所习者非斩劓人，则夷人之三族也。故胡亥今日即位而明日射人，……其视杀人，若艾草菅然。岂惟胡亥之性恶哉？彼其所以导之者非其理故也。"

"其视杀人，若艾草菅然"，菅是一种茅草，看待杀人像看待割草一样，指轻视人命，演化为"草菅人命"。此成语用来形容反动统治者及其执法者滥施刑罚，随便残杀人命。

退避三舍

经典故事

春秋时期，晋献公晚年时十分宠爱一个叫骊姬的妃子，为把骊姬的儿子奚齐立为太子，竟将原来的太子申生杀了。太子申生一死，晋献公的另外两个儿子重耳和夷吾都感到了危险，便逃难到了别的诸侯国。

历尽千辛万苦，重耳来到楚国。楚成王认为重耳日后必有大作为，就以国君之礼相迎，待他如上宾，用招待诸侯的礼节招待他。重耳对楚成王十分尊敬，两个人就这样成为了朋友。

一天，楚王设宴招待重耳，两人饮酒叙话，气氛十分融洽。忽然楚王问重耳："你若有一天回晋国当上国君，该怎么报答我呢？"

重耳想了一下，说："美女侍从、珍宝丝绸，大王您有的是，珍禽羽毛、象牙兽皮更是楚地的盛产，晋国哪有什么珍奇物品献给大王呢？"

楚王说："公子过谦了。话虽然这么说，可总该对我有所表示吧？"

重耳回答："要是托大王的福，我能够回到晋国，那我一定努力跟贵国交好，让咱们两国的百姓过上太平的日子。但是万一两国发生了战争，那么在两军相遇的时候，为了报答大王您，我一定退避三舍。如果还不能得到您的原谅，我再与您交战。"

后来，局势陡变，重耳回到了他的国家，成了晋国的国王，即历史上著名的晋文公。晋文公即位以后，整顿内政，发展生产，把晋国治理得逐渐强盛起来。他也想要像齐桓公那样，成为中原的霸主。

当时，东方齐国的霸权已经衰落，南方楚国的势力已发展到黄河流域。在这种形势下，晋文公采用狐偃等人的建议，打起"尊王攘夷"的旗号，平定周王室内乱，在诸侯中树立了自己的威信；还把原来的两军扩大到三军，积极准备与楚国争霸中原。

公元前632年夏，楚成王攻打宋国，宋向晋求援，晋国联合宋、齐、秦等国向归附于楚国的曹、卫进攻，迫使楚军北上。楚成王见形势急转直下，便率军暂撤，并命主将成得臣放弃对宋国的围攻，避免和晋军决战。但大将成得臣刚愎自用，不顾形势的变化，仍率楚军杀向晋军驻扎地。

而此时晋文公却命令军队不要与楚军交锋，而是退避后撤。晋军的将士很不理解。

晋文公解释说："由于当初我在楚国时受到楚王的厚待，因此曾在楚王面前答应过，如果两国交战，晋国情愿退避三舍。所以即使这一仗因此败了，我们也要履行诺言。”

于是，晋文公命令军队一口气向后退了 30 里；发现楚军朝前逼近，就又退了 30 里；见楚军仍然紧追不舍，再退了 30 里。他们总共退了三舍，退到城濮（今山东鄄城西南）驻扎下来。

楚军见晋军后撤，便想停止进攻。可是楚军主将成得臣却不答应，他率领军队步步紧逼，一直追到城濮，跟晋军对峙。成得臣还派人向晋文公下了战书，措词十分傲慢。

其实，晋军的“退避三舍”是晋文公谋略胜敌的一步妙棋，它在政治上争得了主动——“君退臣犯，曲在彼矣”，赢得了舆论上的同情，在军事上占了优势——便于同齐、秦等盟国军队会合，集中兵力；激发晋军将士力战的情绪；先据战地，以逸待劳等。这样就为晋军后发制人，夺取决战胜利奠定了基础。

晋文公检阅了部队，认为士气高昂、战备充分，可以同楚军一战。结果，晋军集中兵力，大破楚军，取得了城濮之战的胜利。

南宋画家李唐所绘的《晋文公复国图》（局部），现藏于美国纽约大都会博物馆。

文意解读

主动退让九十里。比喻退让和回避，避免冲突。

典故溯源

《左传·僖公二十三年》：“晋楚治兵，遇于中原，其辟君三舍。”

重于泰山

忍辱负重的太史令司马迁

文意解读

比泰山还要重。形容意义重大。

典故溯源

汉·司马迁《报任安书》："人固有一死，或重于泰山，或轻于鸿毛。"

经典故事

汉武帝时，我国诞生了一位伟大的史学家，他就是司马迁。

少年时，司马迁受父亲影响，很喜欢阅读古人的书籍。20岁时，他到各处去游历，搜集了很多古代名人的资料。后来，他被任命为郎中，可以经常随皇帝出游。

西汉元封元年（公元前110年），汉武帝第一次封禅泰山。司马迁的父亲作为史官，本应一起到泰山参加封禅，但是他却因故留在洛阳。他把参加封禅视为他生命中的一件大事，不能东行参加封禅大典，令他异常遗憾和失望，终于忧劳成疾，卧床不起。

这时，恰好司马迁出游归来与父亲相见，于是他握着司马迁的手流着泪说："我们的祖先是周朝的官吏，远祖曾有功于夏，是百官之长，后世逐渐衰弱，难道天将灭绝于我吗？你如果能继任太史官职，那就能继承祖业了。现在汉朝的天子继承了数千年来封禅泰山的大统，封禅于泰山，而我却不能随行，这是命中注定的呀！我死之后，你一定会继任太史官职的，做了太史不要忘了我所渴望的著书立说的意愿。"

父亲死后不久，司马迁接替他的职务做了太史令。做了太史令后，司马迁翻阅了很多书籍，做了大量笔记。公元前104年，他开始写作《史记》。然而就在这时，不幸的事发生了。

这一年，汉武帝派贰师将军李广利带兵3万，攻打匈奴。李广利打了个大败仗，几乎全军覆没。李广的孙子李陵当时担任骑都尉，带着5000名步兵跟匈奴作战。最后，李陵被匈奴逮住，投降了。李陵投降匈奴的消息震动了朝廷，汉武帝把李陵的母亲和妻儿都抓进监狱，并且召集大臣，要他们议一议李陵的罪行。

汉武帝想听听太史令司马迁的意见。司马迁说："李陵带去的步兵不到5000，他深入到敌人的腹地，打击了几万敌人。他虽然打了败仗，可是杀了这么多的敌人，也可以向天下人交代了。李陵不肯马上去死，一定有他的原因。他一定还想将功赎罪来报答皇上。"

汉武帝听了，认为司马迁是在为李陵辩护，勃然大怒，说："你这样替投降敌人的人强辩，不是存心反对朝廷吗？"不由分说就把司马迁关进监狱，交给廷尉审问。

审问之后，便将司马迁定了罪，判处腐刑（一种肉刑）。司马迁由于拿不出钱来赎罪，只好受了刑罚，被关进了监狱里。

受腐刑对于司马迁来说，实在是一件奇耻大辱，他甚至因此想到了自杀，但他转念又想：从前周文王被关在⊠里，写出了《周易》；孔子周游列国的路上被困在陈蔡，而编撰了旷世《春秋》；屈原遭到放逐，而写出了绝世《离骚》；左丘明双目失明，而写出了《国语》；孙膑被剜掉膝盖骨，而写出了军事大典《孙膑兵法》……还有《诗经》三百篇，这些名著大典大都是前人在心情忧愤之时而成就的，我为什么不利用这个时候把这部史书写好呢？

这样，司马迁为了完成父亲著书立说的遗愿，忍受痛苦，发愤编写《史记》。后来，司马迁终于获释出狱。出狱后，他在给好友任安的《报任安书》中，表达了他受刑之后的痛苦心情，并提到写作《史记》的意图和完成的决心。就在这篇著名的书信之中，司马迁说："人固有一死，或重于泰山，或轻于鸿毛。我不能轻易死去，我之所以忍辱负重，蒙着奇耻大辱而活下来，完全是为了完成自己的历史著作。"

司马迁凭借着坚强的毅力，发愤写作，终于写成了我国最早的一部纪传体通史——《史记》。《史记》从传说中的黄帝时代开始，一直写到汉武帝太始二年（公元前95年）为止，共编写成130篇，内容涉及到了政治、经济、文化、军事等各个方面。

《史记》既是一部伟大的历史著作，又是一部杰出的文学著作。司马迁和他的著作《史记》在我国的史学史、文学史上都享有很高的地位，鲁迅先生称其为"史家之绝唱，无韵之离骚"。

重蹈覆辙

经典故事

东汉初年，皇帝为了巩固自己的政权，多同豪族联姻，以便取得他们的支持。这样，豪族势力逐渐扩展起来，以致到了东汉中叶以后，皇帝的废立也由豪族来决定。

外戚专权妨碍了皇帝亲政。皇帝要掌管实权，就要寻求支持自己的政治力量。可是里里外外都是外戚的亲信，跟谁去商量呢？只有一些宦官，每天在皇帝身边伺候。结果皇帝只好依靠宦官的力量，扑灭外戚的势力。

就这样，宦官在支持皇帝反对外戚专权的斗争中，得到了皇帝的信任和重用，发展成为一个政治集团。于是，外戚的权力很快就转到宦官手里。

无论是外戚也好，宦官也罢，都是豪强地主最腐朽势力的代表。外戚和宦官两大集团互相争夺，轮流把持朝政，东汉的政治就越来越腐败了。

公元 125 年，汉顺帝即位，外戚梁家掌了权。梁皇后的父亲梁商、兄弟梁冀先后做了大将军。梁冀是一个十分骄横的家伙，他胡作非为，公开勒索，根本没把皇帝放在眼里。汉顺帝死后，接替他的冲帝是个两岁的娃娃，过了半年也死了。梁冀就在皇族中找了一个 8 岁的孩子接替，就是汉质帝。

后来，梁冀害死了质帝，又从皇族里挑了 15 岁的刘志当皇帝，就是汉桓帝。汉桓帝即位后，梁皇后成了梁太后，朝政全落在梁冀手里，梁冀更加飞扬跋扈。

梁冀这样无法无天地掌了将近 20 年大权，最后跟汉桓帝也闹起矛盾。梁冀派人暗杀桓帝宠爱的梁贵人的母亲。汉桓帝忍无可忍，就秘密联络了单超等 5 个跟梁冀有怨仇的宦官，趁梁冀没有防备，发动羽林军 1000 多人，包围了梁冀的住宅。

梁冀吓得直发抖，等他弄清楚是怎么回事的时候，已经没有活路了，便服毒自杀了。

汉桓帝论功行赏，把单超等 5 个宦官都封为侯，称作“五侯”。从那时起，东汉政权又从外戚手里转到宦官手里。

宦官五侯掌权以后，胡作非为。他们把持朝政，卖官鬻爵。从朝廷到全国郡县，都有他们的亲信。宦官势力的发展，不仅同外戚集团产生了矛盾，还引起了世族、豪族以及一些文人的不满，其中以名士李膺最为有名。

李膺为司隶校尉时，严惩不法宦官。延熹九年（公元 166 年），一个和宦官来往密切的方士（宣传迷信活动的人）张成，得知朝廷要颁布大赦令，于是教唆自己的儿子杀人。李膺知道后马上把杀人凶手逮捕起来，准备法办。

李膺被太学生标榜为“八俊”之一，号称“天下楷模李元礼”。

第二天，大赦令下来，张成得意地对众人说：“诏书下来了，不怕司隶校尉不把我儿子放出来。”

李膺听了，非常恼火。他说：“张成预先知道大赦，故意叫儿子杀人，大赦就不该轮到他儿子身上。”

说完，就下令把张成的儿子砍了头。张成哪肯罢休，他勾结宦官侯览、张让诬蔑李膺等人蓄养游士，结党造反。于是，桓帝下令逮捕李膺等 200 余人，把他们称为“党人”。虽然后来被释放，但是桓帝把这些人的名单通告地方，永不录用，这就是历史上有名的“党锢之祸”。

外戚和宦官的轮流专权，削弱了东汉王朝的统治，窦武总结了外戚与宦官专权的教训，在公元 167 年上书给汉桓帝，说：“今不虑前事之失，复循覆车之轨。”意思是让桓帝吸取以前的教训，不要重蹈覆辙。否则，秦二世胡亥和赵高政变的教训就会重演。

桓帝经过窦武提醒，体会到自己的错误，于是放了李膺等人，结束了“党锢之祸”。

文意解读

重新走上翻过车的老路。比喻不吸取教训，再走失败的老路。

典故溯源

南朝·宋·范晔《后汉书·窦武传》：“今不虑前事之失，复循覆车之轨。”

闻鸡起舞

经典故事

晋代的祖逖是个胸怀坦荡、具有远大抱负的人。他从小死了父亲，由哥哥们抚养长大。由于性格豪放，不受拘束，到十四五岁时还不肯好好读书，但他为人豁达，讲义气，好打抱不平，深得邻里好评。

进入青年时代，他意识到自己知识的贫乏，深感不读书无以报效国家，于是开始发愤读书，广泛阅读书籍，认真学习历史。

几年里，他不但博览群书，而且经常到京城洛阳去寻师访友，探讨学问，增长了许多知识和才能，渐渐受到人们的称赞。接触过他的人都说，祖逖是个能辅佐帝王治理国家的人才。

后来，祖逖担任了司州（治洛阳）主簿（主管文书簿籍的小官）。他有一个同事，叫刘琨。两个人因为意气相投，成了好朋友。他与刘琨感情深厚，不仅常常同床而卧，同被而眠，而且还有着共同的远大理想：建功立业，成为国家的栋梁之才。

有一天，他们谈到很晚，刚刚着枕，刘琨已是鼾声如雷了。祖逖正蒙眬入睡，突然听到了荒鸡（古人把三更以前鸣叫的鸡叫荒鸡，荒鸡的叫声被看作邪恶之声，是兵起之象）的叫声。他猛然惊醒，用脚朝刘琨猛一踢，叫醒刘琨说：“你听，你听，这不是荒鸡的叫声吗？”刘琨听罢说：“听到了，但是半夜的鸡叫是恶声啊！”祖逖却说：“别人都认为半夜听见鸡叫不吉利，我偏不这样想，咱们干脆以后听见鸡叫就起床练剑如何？”刘琨欣然同意。从此，每到听见喔喔的鸡鸣声，两人就起来舞剑，一直舞到东方发白。从此，“闻鸡起舞”就成了他们每天必修的功课。

工夫不负有心人，经过长期的刻苦学习和训练，他们终于成为文武双全的栋梁之才。

文意解读

听到鸡叫就起来舞剑。后比喻有志报国的人及时奋起。

典故溯源

《晋书·祖逖传》：“中夜闻荒鸡鸣，蹴琨觉，曰：‘此非恶声也。’因起舞。”

倾城倾国

经典故事

汉武帝刘彻在位时，后宫佳丽虽然众多，但王夫人早死，卫子夫也已年老，剩下的就没有一个得到武帝专宠的。武帝想再访求绝色佳人，可是一直不能如愿。

一天，武帝在宫中饮酒，平阳公主也在座，李延年侍宴。待到酒酣，李延年起舞，唱了一首自己写的新歌："北方有佳人，绝世而独立。一顾倾人城，再顾倾人国。宁不知倾城与倾国，佳人难再得。"

汉武帝听了，触动了潜藏已久的心事，不禁叹息说："世间哪有你所唱的那种佳人？"

平阳公主便说："陛下有所不知，延年的小妹就是一位倾国倾城的绝世佳人。"

武帝心中一动，立刻下令召李氏入宫。李延年将其妹引入，武帝一看，果然是姿容秀媚，体态轻盈。武帝遂纳李氏为妃，号为李夫人。

一年以后，李夫人生下一子，被封昌邑王。

谁知月有阴晴圆缺，李夫人入宫只短短几年，却不幸染病在身，病入膏肓，卧床不起。武帝难过不已，亲自去看她。

李夫人一见武帝到来，急忙以被覆面，口中说："妾长久卧病，容貌已毁，不可复见陛下，愿以昌邑王及兄弟相托。"

武帝说："夫人病势已危，非药可以医治，何不让朕再见一面？"

李夫人推说："妇人貌不修饰，不见君父，妾实不敢与陛下相见。"

武帝说："夫人不妨见我，我将加赐千金，并封拜你兄弟为官。"

文意解读

原指因女色而亡国，该女子只要对守卫城垣的士卒瞧上一眼，便可令士卒弃械、墙垣失守；倘若再对驾临天下的人君"秋波一转"，亡国灭宗的灾祸可就要降临其身了。现形容女子容貌十分漂亮、艳丽。

典故溯源

汉·班固《汉书·外戚传下·孝武李夫人传》："北方有佳人，绝世而独立。一顾倾人城，再顾倾人国。"此语出自汉武帝时音乐家李延年诗。李延年懂音律，善编舞，武帝爱之。每为新声变曲，闻者莫不感动。武帝闻此曲后，遂纳其妹为妃，即史上所称的"李夫人"。

李夫人画像，出自清代早期较有名的一部人物木刻版画书——《百美新咏图传》，颜希源著，王翙绘。

李少翁所谓的招魂其实就是皮影戏。

李夫人说："封不封在帝，不在一见。"武帝心里不悦，一怒之下拂袖而去。

这时，李夫人的姐妹们也入宫问病，见此情形，都很诧异。待武帝走后，她们责备李夫人："你想托付兄弟，见一见陛下是很轻易的事，何苦违忤至于如此？"

李夫人叹气说："你们不知，我不见帝的原因正是为了深托兄弟。我本出身微贱，他之所以眷恋我，只因平时容貌而已。他若见我颜色与以前大不相同，必然心生嫌恶，唯恐弃置不及，怎么会在我死去后照顾我的兄弟？"

几天后，李夫人去世，事情的结局果然不出李夫人所料。李夫人拒见武帝，非但没有激怒他，反而激起他无限的痛苦，将李夫人用皇后礼安葬，命画师将她生前的形象画下来挂在甘泉宫，以慰思念之情。

武帝思念李夫人，方士李少翁告诉武帝，他能召神唤魂，把夫人请回来与皇上相会。武帝听后十分高兴，于是请李少翁入宫施法术。

李少翁作法，汉武帝坐在纱帐重帷中。李少翁要了李夫人生前的衣服，准备净室，中间挂着薄纱幕，幕里点着蜡烛。果然，通过灯光的照映，遥见纱帐中，隐约有一美人，只见她侧着身子慢慢地走过来，模样神态与魂牵梦萦的李夫人一样。

实际上，李少翁是表演了一出皮影戏，武帝看到李夫人的影子，更加相思悲戚起来。

武帝想到李夫人临终前的嘱托，于是封李延年为协律都尉，封李夫人的弟弟李广利为海西侯。为李夫人的一句遗言，武帝也称得上是一往情深。

汉武帝后元二年（公元前 87 年），武帝驾崩，其 8 岁的儿子弗陵即位，这就是后来的昭帝。

昭帝即位后，大将军霍光按武帝的旨意，上奏昭帝，追尊李夫人为孝武皇后。

唇亡齿寒

经典故事

春秋时期，晋献公想要扩充自己的实力和地盘，称霸中原。他发动了大规模的军事扩张，先后吞并了很多弱小的诸侯国，晋国的国土面积和军事力量得到了迅速发展。此时，晋献公已把目光盯在了虞、虢二国上，以便扫除障碍，向中原地区发展。于是就找借口说邻近的虢国经常侵犯晋国的边境，要派兵灭了虢国。

可是，在晋国和虢国之间隔着一个虞国，是讨伐虢国的必经之地。晋献公问手下的大臣："虢国是我们的敌人，他们经常侵犯我们的边境，我们一定要去攻打它。可是在我国与虢国之间隔着一个虞国，我们怎样才能顺利通过虞国，去攻打虢国呢?"

有一个叫荀息的大臣献计给晋献公，建议晋献公用屈地（今山西吉县北）出产的良马和垂棘（今山西潞城县北）出产的玉璧向虞公送重礼，请求借道。这样，一方面可以顺道去讨伐虢国，另一方面又可以借此来破坏虞、虢的联盟。因为虞国借道给虢国，必然会使虢国不满，两国之间的联盟将被破坏，这样两国就会处于孤立的地步，然后逐个击破，晋国的计划将会很快得以实现。

荀息说："虞国国君是个目光短浅、贪图小利的人，只要我们送他价值连城的美玉和宝马，他不会不答应借道的。"

虽然晋献公对荀息的计策十分赞同，但对良马、玉璧这些稀世之宝却有些割舍不下，并担心虞公收了重礼还不肯借道。

文意解读

嘴唇没有了，牙齿就会感到寒冷。比喻关系密切，利害相同，一方受到打击，另一方也不得安宁。

典故溯源

《左传·僖公五年》："谚所谓'辅车相依，唇亡齿寒'者，其虞、虢之谓也。"

荀息笑道："虞、虢两国是唇齿相依的近邻，虢国灭了，虞国也不能独存，您的美玉宝马不过是暂时存放在虞公那里罢了。"晋献公采纳了荀息的计策。

位于曲沃县北赵村"天马遗址"的晋侯墓地出土的玉器

虞公以前只是听说过这些宝物，但无缘亲眼观赏，深感遗憾。当时一见到这两件珍贵的礼物，顿时心花怒放，听到荀息说要借道虞国之事时，当时就满口答应了。

一向力主联虢拒晋的大夫宫之奇急忙劝阻道："晋使词谦礼重，必然于我国不利，虞虢唇齿之邻，久已结盟，方得国泰民安。俗话说得好：'唇亡齿寒。'大王千万不可答应借道！"

虞公说："人家晋国是大国，现在特意送来美玉宝马和咱们交朋友，难道向咱们借条路走走都不行吗？"

虞公始终不听劝谏，答应了晋使借道的要求。

荀息回国后把虞公答应借道的事回复了晋献公。晋献公喜出望外，当即决定拜里克为大将，荀息为副将，率领兵车400乘，精兵2万人攻打虢国，占领了虢国的下阳（今山西平陆）。

3年之后，晋献公又一次派荀息向虞国借道伐虢。虞公依然十分慷慨地允许借道。大夫宫之奇急忙又谏道："虞国和虢国是互为表里的关系，虢国亡了，虞国怎么能存在下去？晋国万万不可依赖！我们怎么能与贼寇一起玩乐？一次借道，已经破坏虞虢联盟，铸成了大错，岂能再错下去？过去虞、虢两国结成联盟，互相帮助，紧密团结，别国才不敢轻举妄动欺负我们。辅车相依，唇亡齿寒，说的不正是虞国和虢国吗？"

虞公仍不以为然，认为宫之奇太多虑。

宫之奇觉得身为重臣，眼看国家将亡，却无能为力，于是就带着一家老小离开了虞国。走前留下四句话："贪图人家白璧宝马，等于自己甘心饮毒酒啊！也像开了大门迎接强盗一样啊！嘴唇没有了，牙齿自然要受寒冷啊！"

果然，晋国军队借道虞国，消灭了虢国，随后又把亲自迎接晋军的虞公抓住，灭了虞国。

家徒四壁

经典故事

司马相如是汉初的一位文学家，他的辞赋相当出色。他小的时候，喜欢读书和击剑，父亲给他取了个名字叫“犬子”。上学以后，他嫌这个名字太难听，因为仰慕战国时期蔺相如的为人，就改名为司马相如。

司马相如长大以后，父亲给他捐了个小武官，在汉景帝身边侍奉。整天陪着汉景帝出去打猎，司马相如觉得没有意思。

有一次，梁王（汉景帝的弟弟）来朝见汉景帝。梁王手下有不少文学之士，司马相如和他们极为投缘，于是就向景帝称病辞官，跟着梁王回去了。他与那些才子们朝夕相处，文学水平大大提高。

后来梁王去世，他返回家乡。这时他家已经破败，自己又没有赖以谋生的技能，就投奔与他一向交好的临邛县令王吉去了。王吉对他十分敬重，便把他留了下来。

临邛县有一富豪卓王孙，其女卓文君容貌秀丽，喜爱音乐，又善于击鼓弹琴，而且很有文才，但不幸未聘夫死，成了望门新寡。

卓王孙听说县官有贵客莅临，想趁机结交权势，并炫耀自己，便大摆宴席，宴请司马相如和王吉。

司马相如早就听说卓王孙有一位才貌双全的女儿，他趁这次去卓家做客的机会，借琴表达了自己对卓文君的爱慕之情。

卓文君听了司马相如的弹奏，对他也很仰慕。宴会结束后，司马相如贿赂卓文君的侍从，请他们帮忙转达他的情意。

卓文君画像，出自清陆昶辑《历朝名媛诗词》十二卷，乾隆三十八年（1772）红树楼刻本。

文意解读

家里只有四面的墙壁。形容十分贫困，一无所有。

典故溯源

汉·班固《汉书·司马相如列传》：“文君夜亡奔相如，相如乃与驰归成都，家居徒四壁立。”

卓文君知道父亲不会同意自己和司马相如在一起，便毅然在夜里去找司马相如，并和他私奔，这在当时确是惊世骇俗之举。

可是回到司马相如的家，除了四面墙壁外，什么都没有。卓文君很勇敢，愿意跟司马相如过艰苦的生活。为了谋生，他们还开了一家酒馆。文君坐柜台打酒，相如穿上围裙，端酒送菜，洗碗刷碟子。日子虽然清苦，但他们相敬如宾，过得和和气气。最后，卓王孙为了面子，不得已只好送给卓文君 100 个仆人和 100 两黄金，让他们购买田产、房屋。

司马相如以一首古琴曲赢得了卓文君的爱情。

后来司马相如的一篇文章《子虚赋》被汉武帝看到，汉武帝对此大为赞赏，并且以为是古人的文章，经人奏报才知道是出于当代的年青才子之笔，惊喜之余马上召他进京。司马相如向武帝表示，《子虚赋》写的只是诸侯打猎的事，算不了什么，请允许他再作一篇天子打猎的赋。好大喜功的汉武帝读毕非常高兴，立刻封他为侍从郎。

司马相如成为汉武帝的文学侍臣后，很受汉武帝赏识。过了几年，汉武帝派司马相如作为特使前往西蜀，安抚西部的少数民族。司马相如到了西蜀后，很多官员都到郊外迎接他，县令更是背着弓箭为他开道，临邛的富户也争先恐后地请他吃饭以讨好他。

当时，势利的卓王孙因为女儿和司马相如私奔而大怒，发誓绝不给女儿钱，现在却后悔自己没有早把女儿嫁给司马相如。

这一对才子佳人曾经演绎了一个千古绝唱的爱情故事，而值得一提的还有他们之间的另一则小故事。

据说，后来司马相如官拜中郎将，一去长安就是 5 年，一度曾另结新欢。卓文君作《白头吟》，里面有这样的句子："闻君有两意，故来相决绝。愿得一心人，白头不相离。"

司马相如阅读后，悔恨不已，深为卓文君的聪明才智和纯贞爱情所感动，亲迎卓文君到长安。并从此杜绝声色犬马，兢兢业业做学问，终成辞赋大家。

此后，司马相如和卓文君的爱情故事成为广为流传的千古佳话。

桃李满天下

经典故事

唐高宗仪凤年间（公元676年—公元678年），狄仁杰升任大理丞。他刚正廉明，执法不阿，兢兢业业，一年中判决了大量的积压案件，涉及到1.7万人，一时名声大振，成为朝野推崇备至的断案如神、惩奸除恶的大法官。为了维护封建法律制度，狄仁杰甚至敢于犯颜直谏。

到了武则天时期，狄仁杰升至宰相。他德高望重，办事公平，执法严明，敢于直言相谏，深得武则天赏识。有一次，武则天问狄仁杰：“你看将军娄师德是不是能发现人才？”狄仁杰说：“我跟他一起工作过，没听说过他能发现人才。”武则天微笑说：“我能发现你，就是娄师德推荐的啊。”

狄仁杰听了，十分感动，觉得娄师德为人厚道，自己不如他。后来，狄仁杰也努力物色人才，随时向武则天推荐。

狄仁杰早就知道荆州地方有个官员叫张柬之，办事干练，是宰相的人选，就向武则天推荐了。武则天将张柬之提升为洛州司马。

过了几天，武则天又让狄仁杰举荐将相之才，狄仁杰说：“以前推荐的张柬之，还没有用呢。”

武则天说：“已经将他提升了。”狄仁杰说：“臣所荐者可为宰相，可不是做司马的啊。”后来张柬之官至宰相。

除了张柬之，狄仁杰还先后举荐了桓彦范、敬晖、窦怀贞、姚崇等数十位忠贞廉洁、精明干练的官员，他们被武则天委以重任之后，政风为之一变，朝中出现了一种刚正之气。以后，

被武则天称为国老的狄仁杰，出自1694年刊刻的《无双谱》，绘画者是金古良，镌刻者是朱圭。

文意解读

比喻学生很多，各地都有。

典故溯源

宋·司马光《资治通鉴·唐纪·武后久视元年》：“天下桃李，悉在公门矣。”

他们都成为唐代中兴名臣。这些大臣都十分钦佩狄仁杰，把狄仁杰看作他们的老前辈。

有一回，武则天请狄仁杰保荐一位尚书郎，他不避内嫌地推举自己的儿子狄光嗣。后来事实证明，狄光嗣果真能力超凡，不辱父望。

对于少数民族将领，狄仁杰也能举贤荐能。契丹猛将李楷固曾经屡次率兵打败武周军队，后兵败来降，许多大臣主张处斩他。狄仁杰认为李楷固有骁将之才，如果能够饶恕他的死罪，必会感恩戴德，为朝廷效力。武则天接受了狄仁杰的建议。

由于狄仁杰有知人之明，有人对狄仁杰说：“天下桃李，悉在公门矣。”大意是：天下桃李贤才，都出自您的门下。

狄仁杰回答：“举贤为国，非为私也。”大意是：这一切都是以国家利益为重，绝无沽名钓誉之想。

狄仁杰的社会声望不断提高，武则天为了表彰他的功绩，赐给他紫袍、龟带，并亲自在紫袍上写了“敷政木，守清勤，升显位，励相臣”十二个金字。

公元697年，狄仁杰被武则天召回朝中，官拜地官侍郎同凤阁鸾台平章事，加银青光禄大夫，兼纳言，恢复了宰相职务，成为辅佐武则天的左右手。

此时，狄仁杰已年老体衰，力不从心。但他深感个人责任的重大，仍然尽心竭力，关心社会命运和国家前途，提出一些有益于社会和国家的建议或措施，在以后几年国家的社会政治生活中发挥了巨大的作用。

在狄仁杰为相的几年中，武则天对他的信任和敬重是群臣莫及的。她常称狄仁杰为“国老”，而不直呼其名。

公元700年，狄仁杰病死，武则天悲恸不已。自此以后，每当朝廷有大事而众人又不能解决时，武则天常叹息说：“老天爷为什么这么早就夺去了我的国老啊!”

爱屋及乌

经典故事

商朝末年的商纣王是个穷奢极欲、残暴无道的昏君。当时的西伯侯姬昌，即后来的周文王，极力反对商纣王的暴政。

终于有一天，商纣王无法忍受，把姬昌囚禁了起来。姬昌出狱后便返回都城岐山（今陕西岐山），积极练兵备战，下决心推翻商纣王的统治。他还拜当时通晓军事、有治国之道的吕尚（姜太公）为军师，随后兼并了邻近的几个诸侯小国，势力逐渐强大起来。之后，他又将都城东迁至丰邑，准备向东进军。可惜，迁都不久周文王就逝世了。

元代《新刊全相平话武王伐纣书》（该书现藏于日本内阁文库）中的“孟津会盟”插图

周文王姬昌

周文王死后，他的儿子姬发即位，即周武王。姜太公继续担任军师。武王的同母弟弟姬旦（即周公）、异母弟弟姬奭（即召公）是武王的两个得力助手。同时，武王还得到了其他几个诸侯的拥护。

不久，武王正式宣布出兵伐纣。大军在孟津（今河南孟县之南的一个黄河渡口）渡过黄河，向东北挺进，直逼商朝的都城朝歌（今河南淇县东北）。因为商纣王已尽失人心，军队中大多数人都不愿为他卖命，于是逃的逃、降的降，朝歌很快就被攻克。纣王自焚，商朝灭亡。以后的800年，便成了周的天下，称为周朝。

攻克朝歌之初，对于如何才能处置好商朝遗留下来的权臣贵族、官宦将士，使局面稳定下来，武王还没有想到好办法，因此有些担忧。为此，他去询问姜太公。

太公想了想，说道：“我听说过这样的话：如果喜爱那个人，就连带喜爱他屋上的乌鸦；如果憎恨那个人，就连带厌恶他家的墙壁篱笆。这意思很明白：全部杀尽这些敌对分子，让他们一个也不留。大王您看怎样？”

武王认为这样做不妥当。

这时召公上前说道：

“我听说过：有罪的，当杀；无罪的，应当免于死罪。应当把有罪的人都杀死，不让他们留下残余力量。大王您觉得这样如何？”

武王想了想，认为这样也不妥当。

周公又上前说道：

“我认为应当让所有的人都回到自己的家，各自耕种各自的田地。大王您不应该偏爱自己旧时的朋友和亲戚，而是应当采取平等的态度，用仁政来感化普天下的人。”

武王听后连连称赞这是个万全之策，果断地采纳了。果然，天下很快就安定下来，人民安居乐业，到处是歌舞升平的景象，西周进入了一个繁荣昌盛的时期。

《三才图会》中的周公像

周武王姬发

文意解读

爱一个人而连带爱他屋上停留的乌鸦。比喻爱一个人而连带地喜欢跟他有关系的事物。

典故溯源

《尚书大传·大战》：“爱人者，兼其屋上之乌。”

班门弄斧

经典故事

有一次，国王命令鲁班在 15 天内伐出 300 根梁柱，用来修一座大宫殿。于是，鲁班带着徒弟们起早贪黑，一连挥斧砍了 10 天，一个个累得筋疲力尽，结果只砍了 100 多棵大树。可是眼见动工的日期就要到了，如果木料准备不齐，是要被处死的，这可急坏了鲁班。

有一天晚上，鲁班睡不着，于是深一脚浅一脚地向山上走去。突然，鲁班觉得手被什么东西划了一下，仔细一看，长满老茧的手划出一道口子，渗出了血珠。他仔细地在周围观察，原来是丝茅草划的。鲁班很惊奇，摘了一片草叶，发现草叶边缘长着许多锋利的细齿。他一转身，又看见一只大蝗虫正张着大嘴，快速地吃着草叶。鲁班捉了一只蝗虫仔细观察，发现它的板牙上也有利齿。

看看丝茅草的叶子，再看看蝗虫的大板牙，鲁班高兴得差点跳了起来。回来后，鲁班用毛竹做了一条竹片，上面刻了很多像丝茅草叶和蝗虫板牙那样的锯齿。用它去拉树，只要几下，树皮就破了。再一用力，树干出了一道深沟。可是，时间一长，竹片上的锯齿不是钝了，就是断了。这时，鲁班想起了铁。他跑下山去，请铁匠按照自己做的竹片打了带锯齿的铁条，用它去拉树，速度比之前快多了！

这铁条，就是最初的锯。有了它，鲁班和徒弟们只用了 13 天，就伐了 300 根梁柱。

鲁班特别善于用斧头，几下子就能把木料砍成需要的样子。但是，用斧子把木料砍得光滑，鲁班却办不到，特别是碰到木纹粗和疤节多的木料时，就更难了。为了解决这个问题，鲁班整日冥思苦想。他先是做了一把薄的斧头，磨得很快，砍起来比以前是好多了，可还是不理想。

于是，鲁班又磨了一把小小的薄薄的斧头，上面盖了块铁片，只让斧头露出一条窄刃。这回，鲁班不砍了，而是用这窄刃在木料上推。一推，木料推下来薄薄一层木片。

被后世建筑工匠和木匠尊为“祖师”的鲁班

推了十几次，木料的表面又平整又光滑。可这东西拿在手里推时既卡手又使不上劲。鲁班又做了一个木座，把它装在里面。刨子，就这样诞生了。

鲁班做木匠活时，常常遇到直角。虽然他手头有画直角的矩，可用起来很费事。鲁班经过改进，做成一把“L”形的木尺，量起直角来很方便。后来，人们都把它叫鲁班尺。

由于鲁班对木工工具的改进做出了巨大的贡献，所以，2000 多年来，木匠们都尊他为祖师，行家们对他敬重得五体投地。

明朝时，诗人梅之涣来到采石矶，凭吊唐代大诗人李白。采石矶是传说中李白落水而亡的地方，由于李白在此留下过足迹，因此有关于他的传说纷起，并且留下了不少名胜，如李白墓、谪仙楼、捉月亭等，采石矶也因此成了旅游胜地。

梅之涣来到李白墓前，顿时怒气冲天。原来，矶上、墓上，凡是墓前可以写字的地方，都被人留下诗句。那些文章写得狗屁不通、却想冒充风雅的游人，竟在被称为“诗仙”的李白墓上胡诌乱题，那些拙劣诗句的作者，又有什么脸在李白面前舞文弄墨呢？真是太可笑了！梅之涣越想越气，不由感慨万千，也挥笔写下一首诗：“采石江边一抔土，李白之名高千古；来来往往一首诗，鲁班门前弄大斧。”

其实，“班门弄斧”这句成语早在唐朝就有它的雏形了。文学家柳宗元在一篇序文中就有这样一句：“操斧于班、郢之门，斯强颜耳！”意思就是说，在鲁班和郢人（也是一个操斧能手）的门前表现用斧子的本事，脸皮也太厚了。

这句成语有时也用作自谦之词，表示不敢在行家面前卖弄自己的小本领。

文意解读

在鲁班门前舞弄大斧。比喻在行家面前卖弄本事。

典故溯源

唐·柳宗元《王氏伯仲唱和诗序》：“操斧于班、郢之门，斯强颜耳。”宋·欧阳修《与梅圣俞书》：“昨在真定，有诗七八首，今录去，班门弄斧，可笑！可笑！”

鲁班锁，也叫孔明锁，它源于中国古代建筑中的榫卯结构。相传由春秋末期到战国初期的鲁班发明（另有传说由三国时期诸葛亮根据鲁班的发明，结合八卦玄学的原理发明的）的一种益智玩具。外观看是严丝合缝的十字立方体，易拆难装，是一种很好的益智玩具。

破釜沉舟

经典故事

秦朝末年，各地人民纷纷起义，反抗秦朝的暴虐统治。农民起义军最著名的领袖是陈胜、吴广，还有项羽和刘邦。

公元前 208 年，秦将章邯镇压陈胜、吴广起义之后，又攻破邯郸。反秦武装赵王歇及张耳被迫退守在巨鹿（今河北平乡西南），被章邯手下先锋王离率 20 万人围困。章邯率军 20 万屯于巨鹿南数里的棘原，并修筑两侧有土墙的通道直达王离大营，以供粮草。赵将陈馀率军数万屯于巨鹿北，因兵少不敢去救。

楚怀王任命宋义为上将军，项羽为次将，领兵北上救赵。

宋义率领大军由彭城出发时，一面用甜言蜜语获得了楚怀王的信任，骗取了兵权，一面和齐国勾搭，寻求自己的外援。如今他兵权在手，却根本不想到巨鹿城下和秦军拼命。

当援军行至安阳时，宋义便号令全军安营扎寨，原地休息。他每天只是在大帐中饮酒作乐，从不提出兵援赵之事。

项羽看不下去，便对宋义说："如今秦军围攻巨鹿，赵王危在旦夕。我们应该赶忙率兵渡过黄河，与赵军里应外合，就能够大破秦军了。"

宋义不屑地说："你哪里懂得兵法的妙用。如今秦兵攻赵，要是胜了，就会疲惫不堪，那时我就出兵乘其疲惫而攻之；如若秦兵败了，我们正好一鼓作气，西入关中。所以我的主意是先让秦赵拼个你死我活，我们就可以坐收渔人之利了。"

项羽画像，出自 1921 年出版的由清代著名画家上官周创作的《晚笑堂竹庄画传》。

文意解读

比喻下决心不顾一切地干到底。

典故溯源

汉·司马迁《史记·项羽本纪》："项羽乃悉引兵渡河，皆沉船，破釜甑，烧庐舍，持三日粮，以示士卒必死，无一还心。"

项羽走后，宋义随即起草了一道军令，公布于全军："军中将士，尽管他勇猛如虎，强狠如羊（羊在角斗时是很顽强的），武艺超群，只要他敢不服从命令，就一律斩首。"这道命令，显然是针对项羽的。

宋义把楚怀王的命令束之高阁，却加紧了和齐国的勾搭。齐王田荣见他手握重兵，正想拉拢他，就请他的儿子宋襄到齐国去做相国。

宋义得到了这个信息，高兴万分，亲自把儿子送到无盐（今山东东平东），并在那里举行了盛大的告别宴会。

第二天，项羽趁朝会的时候，拔出剑把宋义杀了。他提着宋义的头，对将士说："宋义背叛大王（指楚怀王），我奉大王的命令，已经把他处死了。"

于是将士们拥项羽为上将军。项羽也因杀了宋义而威震楚国，名闻诸侯。

随后，项羽率所有军队前去营救赵国，以解巨鹿之围。楚军全部渡过漳河以后，项羽让士兵们饱饱地吃了一顿饭，每人再带三天干粮，然后传下命令："皆沉船，破釜甑。"意思是说把渡河的船凿穿沉入河里，把做饭用的锅砸个粉碎，以示血战到底的决心。

渡过漳河后，项羽率领大军直插章邯和王离这两军之间的空隙。一面阻拦章邯的援军，一面切断甬道，断绝粮运，这使得巨鹿城下的王离大军失去了后援和粮草供应。

秦将王离见楚军如此勇猛，急忙指挥兵马拦截。项羽的军队拼死作战，锐不可当，杀得秦军死伤无数。王离三进三退，才逃回了本营。

章邯早就领教过项羽的勇猛，这次前锋败北，王离失利，他更不敢大意，立即重新排兵布阵，想诱楚军深入，聚而歼之。

章邯见楚兵深入阵中，以为楚兵中计，却不料楚军由于断了后路，三五成群，各自为战，以一当十，两天之内，秦军就吃了 9 次败仗。

项羽见秦军已经溃不成军，就派英布等将军夺取秦军甬道，杀秦将苏角，活捉王离。章邯见大势已去，被迫率领 20 万秦军投降项羽。这就是著名的巨鹿之战。

在这次战役中，项羽也赢得了威名，为他以后当"西楚霸王"打下了基础，"破釜沉舟"也被传为千古佳话。

破镜重圆

经典故事

南朝陈的太子舍人徐德言，娶皇帝陈叔宝的妹妹乐昌公主为妻。两人情投意合，恩爱无比。但当时朝政腐败，徐德言担心有朝一日国家会遭受灭亡之祸，因此常常忧心忡忡。

一天，他愁容满面地对妻子说："天下马上就要大乱，到时我们夫妻将被拆散。但只要我们姻缘未尽，总会再次团圆。为此要先留下一件东西，作为将来重见的凭证。"

徐德言当即取来一面圆形的铜镜，把它一破为二，一半自己留下，一半交给妻子，嘱咐她好好保存，并对她说："如果离散后，就在每年正月十五那天，托人将这半面镜子送到市场上去叫卖。只要我还活着，我一定前去探听，以我的半面镜子为凭，与你团聚。"

周宣帝宣政元年（公元578年）六月，周武帝宇文邕去世，其子宇文□即位为皇帝，是为宣帝。北周政局非常不稳，大臣杨坚乘机进行阴谋夺权活动，结党营私，拦扰大臣，先后"革宣帝苛酷之政"，大造舆论，目的在于使周宣帝孤立，同时扩大自己的政治势力，为夺取政权创造条件。在周宣帝死后，杨坚用阴谋手段将周室诸王全部杀光，彻底孤立宇文氏集团。对公开反抗者则坚决给予镇压。

公元580年5月，宣帝死，年仅8岁的儿子宇文阐即位为静帝。杨坚凭借自己的社会声望、政治才能以及外祖父的身份，任丞相，独揽北周政治、军事大权。

大定元年（公元581年），杨坚废静帝自立，建立隋朝，改元开皇。不久，杨坚发兵攻进陈的

文意解读

比喻夫妻离散或破裂后重新团圆。

典故溯源

唐·孟棨《本事诗·情感》：徐德言之妻，封乐昌公主。时陈政方乱，德言知不相保，乃破一镜，各执其半。及陈亡，德言出半镜以合之。

唐代画家阎立本所作的隋文帝杨坚像

乐昌公主虽然受到杨素的宠爱，但她内心一直惦念着丈夫，盼望与其团聚。

都城建康（今江苏南京），陈国灭亡。权臣杨素助杨坚灭陈有功，被封为越国公。

陈灭亡后，陈后主和沈皇后被囚禁于隋宫。当时，杨素看到乐昌公主貌美如花，就把她接回自己的府中。乐昌公主被杨素带回府中后做了杨素的宠姬，而徐德言则被迫逃亡。

后来，徐德言打听到妻子已到了京都大兴（今陕西西安），过着奢侈的生活。他长途跋涉赶到那里，打听妻子的下落。每当夜深人静，他常取出半面镜子思念爱妻。乐昌公主虽然过着奢华的生活，但内心一直惦念着丈夫，也经常抚摸半面镜子，回忆往事。

正月十五那天，长安城张灯结彩，格外热闹。徐德言按照约定寻找卖镜人。果然，他看到一个老奴，手持半边铜镜在街上兜售。他的叫卖声高得离谱，价格更是高得离谱。围观的人笑看了一会儿，就哄然而散，只当这老奴神志不清。

徐德言赶忙去看这铜镜，正是当初留给乐昌公主的信物。徐德言将这老奴带到自己的住处，拿出自己珍藏的另外半边铜镜——刚好合成了一只完整的铜镜。

原来卖镜人是杨府的仆人，受乐昌公主委托来卖镜寻找失散多年的丈夫。于是徐德言写了一首诗，交给仆人带回。诗中写道：“镜与人俱去，镜归人未归。无复嫦娥影，空留明月辉。”意思是镜子与人都去了，但如今镜子归来而人却没有归来。正好比月中没有嫦娥的身影，只空留明月的光辉。

乐昌公主见到丈夫保存的半面铜镜和诗后，终日哭泣，茶饭不思。有一天，杨素问她为什么天天哭泣而不吃饭，乐昌公主就把和丈夫的约定告诉了杨素。杨素听乐昌公主讲述了这段经过后深受感动，于是当即派人把徐德言找来，将乐昌公主交还给徐德言，让他们夫妻团圆，并赠送给他们很多钱财。随后夫妻二人回到江南，白头偕老。

请君入瓮

经典故事

在唐朝时期，中国出现了一位女皇帝，她就是武则天。她称帝后遭到了很多人的反对，于是她便采取极端残酷的镇压政策，以维护自己的统治权威。同时还发布命令，对于那些告密的人给予重赏。

唐代画家张萱所绘《武后行从图》，描绘武则天在宫廷巡行的情景，她戴着宝珠凤冠，着深青交领宽袖衣，腰系杂佩，显得气度威严。武则天是中国的第一位女皇帝，为了巩固自己的权力，她任用了来俊臣等大批酷吏。

武则天收到许多告密材料，总有人替她审问。有一个胡族将军索元礼，就是靠告密起家的，他是一个极端残忍的家伙，武则天派他专门办谋反的案件。

当时武则天手下除了索元礼外，还有两名极为得力的酷吏，他们就是周兴和来俊臣。

他们每人手下豢养了几百个流氓，专门干告密的事。周兴前前后后一共杀了几千人，来俊臣毁了1000多个家庭，他们的残酷从此出了名。

只要他们认为谁有谋反嫌疑，就派人同时在几个地方告密，捏造了许多证据。更可笑的是，来俊臣还专门编了一本《告密罗织经》，传授罗织罪状的手段。他们想出各种各样惨无人道的刑罚，名目繁多，花样百出。

有个正直的大臣对武则天说：“现在下面告发的谋反案件，多数是冤案、假案，也许还有人阴谋离间陛下和大臣之间的关系，陛下可不能不慎重啊！”

可是，武则天不愿听这种劝告。告密的风气越来越盛，连她的亲信丘神勣也被人告发谋反，被武则天下令杀了。

一天，武则天接到告密信，说周兴跟已经处死的丘神勣是同谋。

文意解读

比喻用某人整人的办法来整治他自己，始作俑者自作自受。

典故溯源

宋·司马光《资治通鉴·唐纪·则天皇后天授二年》：“兴曰：‘此甚易尔！取大瓮，以炭四周炙之，令囚入中，何事不承？’俊臣乃索大瓮，火围如兴法，因起谓兴曰：‘有内状推兄，请兄入此瓮。’兴惶恐叩头伏罪。”

武则天一听，大吃一惊，立刻下密旨给来俊臣，叫他负责审理这个案件。

说来也巧，太监把武则天的密旨送到来俊臣家时，正赶上来俊臣跟周兴在一起，边喝酒边议论案件。来俊臣看完武则天的密旨，不动声色，把密旨往袖子里一放，仍旧回过头来跟周兴继续聊天。

来俊臣心想：周兴是个狡猾奸诈之徒，仅凭一封告密信是无法让他说实话的；可万一查不出结果，圣上怪罪下来，我来俊臣也担待不起呀。于是他想出了一条妙计。

来俊臣假意向周兴请教："最近抓了一批犯人，大多不肯老实招供，您看该怎么办?"

周兴笑着说："这还不容易！我最近想出一个新办法，拿一个大瓮放在炭火上，谁不肯招认，就把他放在大瓮里烤，还怕他不招?"

来俊臣听了，就叫公差把一个大瓮和一盆炭火搬到大厅里，把瓮放在火盆上。盆里炭火熊熊，烤得整个厅堂的人禁不住流汗。

周兴正在奇怪，来俊臣说："接到密旨，有人告发周兄谋反。你如果不老实招供，只好请你进这个瓮了。"周兴一听，吓得魂飞天外。来俊臣的手段，他是最清楚的。他连忙跪在地上，磕头求饶，表示愿意招认。

来俊臣根据周兴的口供，定了他死罪，上报武则天。

武则天想，周兴毕竟为她干了不少事，再说，周兴是不是真的谋反，她也有点怀疑，就赦免了周兴的死罪，把他革职流放到岭南（今广东、广西一带）。

周兴干的坏事多，仇家也多，到了半路上，就被人暗杀了。留下一个来俊臣，仍旧得到武则天的信任，继续干了五六年诬陷杀人的勾当，前前后后不知道杀害了多少官吏百姓，连宰相狄仁杰也曾经被他诬告谋反，关进监牢，差一点儿被他害死。

来俊臣的胃口越来越大，想独掌朝廷大权。他嫌武则天的侄儿武三思和女儿太平公主势力大，索性告到他们身上去。这些人当然也不是好惹的，他们先发制人，把来俊臣平时诬陷好人、滥施刑罚的老底全都揭发出来，并且把来俊臣抓起来，判他死罪。

来俊臣被处死刑那天，人人称快。大家互相祝贺，说："从现在起，夜里可以安心睡觉了。"

铁杵磨成针

经典故事

唐朝著名大诗人李白小的时候不喜欢念书，常常逃学，到街上去闲逛。为此，他的父亲没少训斥他。

有一天，李白又没去上学。他在街上东溜溜、西看看，走着走着，他看见在一条小溪旁有一座破茅屋，门口坐着一位满头白发的老婆婆，正在磨一根棍子般粗的铁杵。李白走过去，很奇怪地问："老婆婆，您在做什么？"

"我要把这根铁杵磨成一根绣花针。"老婆婆抬起头对李白笑了笑，接着又低下头继续磨。

"绣花针？是缝衣服用的那种绣花针吗？"

"当然！"

"可是，铁杵这么粗，什么时候能磨成细细的绣花针呢？"

老婆婆反问李白："滴水可以穿石，愚公可以移山，铁杵为什么不能磨成绣花针呢？"

"可是，您的年纪都这么大了。"

"只要我下的工夫比别人深，没有做不到的事情。"

老婆婆的一番话令李白很惭愧，他回去之后再没有逃过学，每天用功学习。后来，他博览群书，勤奋苦读，终于有了一番成就。

二十多岁时，为了增长见识，李白到各地游历。他不仅到过长安、洛阳、金陵、江都许多大城市，还到过洞庭、庐山、会稽等许多名山胜地。由于他见识广博，加上才智过人，因此，他在诗歌创作上有了杰出的成就。后世的人们因为他在诗歌方面的杰出成就，都称他为"诗仙"。

唐代大诗人李白

文意解读

将铁棒磨成细针。比喻无论做什么事情，只要有恒心，一定会成功。工夫不负有心人。

典故溯源

宋·祝穆《方舆胜览·眉州·磨针溪》："在象耳山下，世传李太白读书山中，未成弃去，过是溪，逢老媪方磨铁杵，问之，曰：'欲作针。'太白感其意，还，卒业。"

清代画家苏六朋所绘的《太白醉酒图》，现藏上海市博物馆。画面中没有背景，仅凭对人物形象的刻画，便传神地显示出了李白眉宇之间的高傲、洒脱之态。

李白留给后人900多首诗篇，这些熠熠生辉的诗作，表现了他一生的心路历程，是盛唐社会现实和精神生活面貌的艺术写照。李白一生都怀有远大的抱负，毫不掩饰地表达对功名事业的向往。《梁甫吟》、《读诸葛武侯传书怀》、《书情赠蔡舍人雄》等诗篇中，对此都有展露。李白自少年时代就喜好游侠，写下了不少关于游侠的诗，《侠客行》是此类诗的代表。

在长安3年经历的政治生活，对李白的创作产生了深刻的影响。他的政治理想和黑暗的现实发生了尖锐的矛盾，胸中淤积了难以言状的痛苦和愤懑，于是，便写下了《行路难》、《古风》、《答王十二寒夜独酌有怀》等一系列仰怀古人、壮思欲飞、自悲身世、愁怀难遣的著名诗篇。

李白大半生过着流浪生活，游历了许多名山大川，写下了大量赞美祖国大好河山的优美诗篇，借以表达他那种酷爱自由、渴望解放的情怀。在这一类诗作中，奇险的山川与他那叛逆不羁的性格得到了完美的契合。这种诗在李白的诗歌作品中占有不小的数量，被世世代代所传诵，其中《梦游天姥吟留别》是最杰出的代表。诗人以淋漓挥洒、心花怒放的诗笔，无拘无束地舒展开想象的翅膀，写出了精神上的种种历险和追求，让苦闷的心灵在梦中得到真正的解放。而那“安能摧眉折腰事权贵，使我不得开心颜”的诗句，更把诗人的一身傲骨展露无遗，成为后人考察李白伟大人格的重要依据。

望尘莫及

经典故事

东汉时期有一个官员赵咨，他为官清廉，从不欺压百姓。

有一天夜晚，一群盗贼要到赵家打劫。赵咨事先知道了这件事，恐怕母亲受惊，先到门口迎接盗贼，并且准备饮食款待盗贼。

果然，这天夜里，盗贼来到赵咨家里。赵咨对盗贼说："家母已经80岁了，她老人家生病，需要安静休养。乞求你们留下少许的衣物和粮食，至于拿走我妻子和儿女的任何东西，我都毫不吝惜！"

盗贼们被赵咨的孝心深深地感动，心生惭愧，跪在地上说："我们侵犯贤人，实在太不成体统了！"说完，盗贼们各自奔走离去。

赵咨因此声名大噪，朝廷征召他出任"议郎"（顾问及参与评议的官职），他推辞了。朝廷再三征召他，他不得已才应召。

有一次，他的一个手下和一个小贩发生了矛盾，那个手下把小贩打得鼻青脸肿，临走前还张狂地说："不服你到官府告我去啊！"小贩知道他是赵咨的手下，但是赵咨在当地老百姓的心中是一个清官，因此他相信赵咨肯定会为他伸张正义。于是，小贩就去找赵咨，说明了情况。赵咨听后，非常生气，把那个手下叫来说："你怎么这么张狂，是谁叫你打人的？来人，打50大板！"那个手下一下子慌了，忙喊："赵大人，我下次不敢了，你就饶了我吧！"最后，赵咨还是没有饶他，把他赶出了官府。随后，赵咨把所有的手下叫来，告诉他们谁都不许欺负老百姓，否则从严处置。

文意解读

望见前面骑马的人过去时扬起的尘土而赶不上。比喻远远落在后面。

典故溯源

《庄子·田子方》："夫子奔逸绝尘，而回瞠若乎后矣！"南朝·宋·范晔《后汉书·赵咨传》："令敦煌曹暠，咨之故孝廉也，迎路谒候，咨不为留。暠送至亭次，望尘不及。"

就这样，赵咨在当地老百姓中树立了威信，人们都很尊敬他。

汉灵帝时，赵咨被调到敦煌当太守。在当太守期间，赵咨对上不畏权势，对下不欺百姓。在那个政治腐败的年代，像赵咨这样的官员太少了。因此，官场上的赵咨经常感到力不从心。

有一次，上司的一个亲信在赵咨的地盘上撒野，杀了一个人。赵咨想把他法办，但是在上司的极力阻挠下，那个人被带回去了。为此，赵咨生了一场大病。经过这件事，他明白了官场的黑暗，觉得心灰意冷。于是，他决定辞官回乡。

朋友听到他要辞官回乡的消息，纷纷劝他。可是赵咨去意已决，谁也挽留不住。于是，赵咨借病辞职归乡，带着子孙回家务农去了。

由于赵咨是个人才，因此朝廷多次派人劝他再次出来做官。赵咨开始婉言拒绝，但是还是经不住别人的再三推荐，不得已应召出任东海（今山东和江苏东北交界一带）相。

赵咨的再次出山，使很多人都为此而高兴，这其中就包括曹暠。赵咨任敦煌太守时，曾推荐曹暠为孝廉，为此曹暠非常感激赵咨。

赵咨赴任的时候，路经荥阳（今属河南）。当时的县令正是当年他曾经举荐的曹暠。曹暠听说赵咨要路过他那里，非常高兴。于是，一大早就到郊外去迎接。他心想：赵大人对我有知遇之恩，这次我一定要好好招待他。

终于，赵咨的车到了。曹暠非常激动，大步向前迎了上去。不料，赵咨根本不停车，继续往前赶路。曹暠一看，大叫："赵大人，我是曹暠，请停一下！"但是，赵咨好像没有听到一样，车子继续向前。

这下，可急坏了曹暠，他赶忙向前追赶。可是赵咨的车子跑得太快，曹暠只能见到车马扬起的尘土，根本追不上。

曹暠的手下看到这种情况，纷纷表示不解："赵大人和你不是好朋友吗？他见到你怎么不停下来呢？"

曹暠对手下说："赵咨声望很高，可能不想见我们这些小官吧。"

没有见到赵咨，曹暠心中不快，心想：我一大早出来迎接，赵大人却没有和我见面，这要是传出去，一定会遭人耻笑的。于是，曹暠把官印交给主簿，又去追赵咨的车。就这样，他一直追到东海，与赵咨相见后，才告别回家。

暗渡陈仓

经典故事

秦二世元年（公元前 209 年）七月，陈胜、吴广在大泽乡起义反秦。九月，刘邦在沛县主吏萧何和狱掾曹参等人的拥戴下聚众响应起义，称沛公。不久，刘邦投奔项梁。当项羽率领起义军和秦军的主力在巨鹿决战时，刘邦却受楚怀王的派遣，带领起义队伍向关中挺进。汉王元年（公元前 206 年），刘邦的军队进抵霸上。秦王子婴投降，秦朝灭亡。

后来，项羽也攻进了咸阳城，他凭借自己的强大势力，自称为西楚霸王，而封刘邦为汉王。但项羽担心一旦刘邦到了汉中，会暗中积蓄实力，跟自己作对，所以就把他软禁在咸阳城。不过，项羽却中了刘邦的谋士所设下的圈套，答应让刘邦离开咸阳城。

张良送刘邦来到褒中（今陕西褒城）。此处群山环抱，沿途都是悬崖峭壁，只有栈道凌空高架，以渡行人，别无他途。张良观察地势，对刘邦说："大王，你何不将这条栈道烧毁？"刘邦不解其意。

张良说："若不烧掉这条道路，它的北口正对着雍王章邯的大门上！你还没有打出去，他就打进来了。再说，项羽不是怀疑你会再进攻他吗？烧掉了这条栈道，就等于向项羽表明你无能力抵抗他的进攻，也不准备再打回关中和他争夺天下。这样就可以麻痹项羽，使他解除戒备。然后大王以汉中为基地，屯兵养马，广积粮草，养精蓄锐，再图来日。"

文意解读

指正面装模作样迷惑敌人，却偷偷地准备，然后从侧面迂回袭击对手。也指暗中进行某种活动。

典故溯源

汉·司马迁《史记·高祖本纪》："……项王使卒三万人从，楚与诸侯之慕从者数万人，从杜南入蚀中。去辄烧绝栈道，以备诸侯盗兵袭之，亦示项羽无东意……八月，汉王用韩信之计，从故道还，袭雍王章邯。邯迎击汉陈仓，雍兵败……"

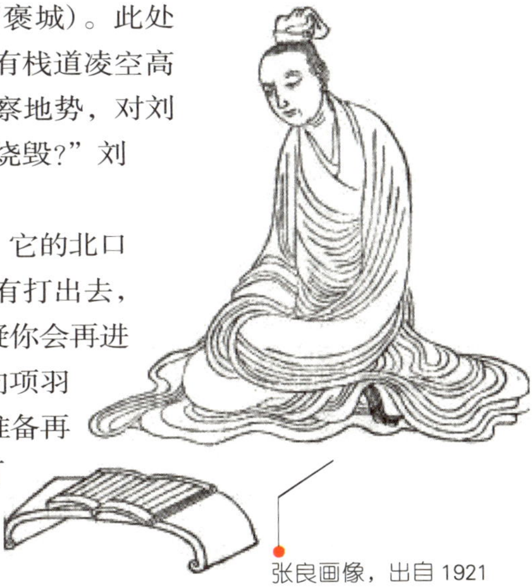

张良画像，出自 1921 年出版的由清代著名画家上官周创作的《晚笑堂竹庄画传》。

刘邦画像，出自清代画家上官周的《晚笑堂竹庄画传》。

刘邦听后，恍然大悟，连连称赞张良远见卓识。他依计而行，烧掉了沿途的栈道。

项羽、章邯知道刘邦烧掉栈道后，心中大喜。他们料想刘邦不会东山再起，从此可以高枕无忧，就放松了对刘邦的警惕。

刘邦不甘心胜利的果实被项羽独占，到达汉中后，他励精图治，知人善任，在几位大臣的辅佐下，力量逐渐强大。于是率军东出，发动了长达 4 年的楚汉战争。

刘邦采取大将韩信的妙计，在出兵前派樊哙、周勃率领老弱病残去修复栈道。项羽的密探发现了这一情况，急忙向项羽汇报。

项羽听后哈哈大笑，说："刘邦真是聪明一世，糊涂一时。等他修好栈道，我早已统一天下了。"说罢，哈哈大笑，根本不把刘邦放在眼里。

项羽哪里知道，当樊哙率领修复栈道的队伍进入褒谷不久，韩信却统率 10 万大军，悄悄来到陈仓（今陕西宝鸡东）。

当韩信的精锐部队神不知鬼不觉地到了陈仓，进入关中平原的时候，项羽才恍然大悟，原来韩信是在声东击西。

这时刘邦的军队也已赶到，多路进攻，夺得了雍地。章邯节节败退。这时樊哙也率军进攻甘肃一带至西县（天水境内），一举平定了雍、塞、翟三秦之地，为以后刘邦打败项羽开辟了新的根据地。

刘邦乘胜追击，一步步占据项羽的领地。公元前 202 年，刘邦的大军把项羽军队围困在垓下（今安徽灵璧东南）。项羽兵败，自刎于乌江边。

4 年的楚汉战争结束，从此刘邦取得天下，建立汉朝。

踌躇满志

经典故事

在我国古代，传说魏国有一个很了不起的屠夫，他的名字叫庖丁。他宰杀牛的技术十分娴熟，据说他在宰牛的时候，刀刃是从来不会碰到牛骨头的，刀刃就像在牛的身上游走一样。

关于庖丁解牛的这件事让文惠君听说了，他很想亲眼看一下庖丁是如何解牛的。于是，一天庖丁被请到了文惠君的府上，文惠君让他宰杀一头牛给自己看。

文惠君对庖丁说："我听说你宰杀牛的技术十分高超，那今天你就当面为我表演一下吧。"庖丁点头答应了，提着刀走向了那头牛。

对于庖丁来说，杀头牛是小意思。只见他用手按着牛，用肩靠着牛，用脚踩着牛，用膝盖抵着牛，动作极其熟练自如。他在将屠刀刺入牛身后，运刀时的动作与牛皮肉与筋骨剥离的声音互相配合，显得那样和谐一致，美妙动人。外人看上去，他那宰牛时的动作就像和着商汤时代的乐曲《桑林》起舞一般，而解牛时所发出的声响也与尧乐《经首》十分合拍。

站在一旁的文惠君不禁看呆了，忍不住高声赞叹道："啊呀，你真了不起！为什么你宰牛的技术会这么高超呢？有什么诀窍吗？"

庖丁见文惠君问他，便连忙放下手中的屠刀，恭敬地说："我做事一向比较喜欢探究事物的规律，按自然规律办事，因此我的技巧比别人更高一筹。

"记得我在刚开始学宰牛时，因为不了解牛的身体构造，眼前所见无非就是一头庞大的牛，往往觉得无从下手。等到我有了 3 年的宰牛经

文意解读

形容对自己取得的成就非常满足得意。

典故溯源

《庄子·养生主》："提刀而立，为之四顾，为之踌躇满志。"

验后，我对牛的构造就完全了解了。我再看牛时，出现在眼前的就不再是一头整牛，而是许多可以拆卸下来的部分！现在我宰的牛不计其数，只需用心灵去感触牛，根本不必用眼睛去看它。所以说，每一头牛的结构都印在我的心里了，不用眼睛看照样也能知道牛的全貌。

“我知道什么地方可以下刀，什么地方不能。我可以娴熟自如地按照牛的天然构造将刀直接刺入其筋骨相连的空隙之处，利用这些空隙而不会使屠刀受到丝毫损伤。我既然连骨肉相连的部件都不会去硬碰，更何况大的盘结骨呢？

“一个技术高明的屠夫用刀割肉，一般需要一年换一把刀；而更多的屠夫是用刀去砍骨头，所以他们一个月就要换一把刀。而我的这把刀已经用了 19 年了，宰杀过的牛不下千头，可是刀口还像刚在磨刀石上磨过一样的锋利。这是为什么呢？因为牛的骨节处有空隙，而刀口又很薄。我用极薄的刀锋插入牛骨的间隙，自然显得宽绰而有余了。尽管如此，每当我遇到筋骨交错的地方，也常常感到难以下手。这时我就会特别警惕，瞪大眼睛，把动作放慢，轻轻用力，等到找到了关键部位，一刀下去就能将牛剖开，整头牛就会像泥土一样摊在地上。

“解牛完毕，我提着刀站立起来，环顾四周，不免感到志得意满，浑身畅快。然后我将刀擦拭干净，置于刀鞘之中，以备下次再用。”

这个故事就是有名的“庖丁解牛”的故事，它是庄子为阐明养生之道而写的寓言。其在原文《庄子·养生主》中是这样写的：“提刀而立，为之四顾，为之踌躇满志。”后人用“踌躇满志”这个成语来形容人们对自己所做的事情或取得的成就感到满足。

覆水难收

经典故事

商朝末年，有个足智多谋的人，姓姜名尚，字子牙，人称姜太公。

姜太公学识渊博，用兵如神，有一套自己的治国之道。但是，他早年的时候曾在商朝当过官，因为不满纣王的残暴统治，弃官而走，隐居在陕西渭水河边一个比较偏僻的地方，等待着周族领袖姬昌（即周文王）的重用。

当时，姜太公整天钓鱼，什么事情也不管，家里甚至难以为计。他的妻子马氏嫌他没有出息，想要离开他。

姜太公一再劝说她别这样做，毕竟是共度大半辈子的人了，并说有朝一日他必定会得到周文王的赏识，助他完成丰功伟业，到时候就有享受不尽的荣华富贵了。但马氏看着他满头白发，无论如何也不相信，决意要离开。姜太公无可奈何，只好任她去了。

后来，整日钓鱼的姜太公终于成为了周文王姬昌的军师，并帮助周武王联合各诸侯灭掉商朝，建立了西周王朝。

这时，姜太公在全国已享有很高的声望，连当时的天子都非常尊敬他。马氏见他现在又富贵又有地位，懊悔当初离开了他。便找到姜太公请求他原谅，想和他重修于好。

姜太公早已看透了马氏的为人，于是他把水倒在地上，对马氏说：“如果你能把水全部收起来，我就和你复合。”马氏赶紧趴到地上取水，但收到的当然不过是些泥浆而已。

看着马氏可怜的样子，姜太公叹了口气说：“你已离我而去，就不能再回到原来的样子了。这就好比倒在地上的水，一旦倒出去，就没有办法收回来了！”

文意解读

倾泼在地上的水无法收回。比喻事情已成定局，无法挽回。

典故溯源

南朝·宋·范晔《后汉书·何进传》：国家之事亦何容易？覆水不收，宜深思之。

明代画家戴进的名作《渭滨垂钓图》（局部），描绘的就是姜太公垂钓于渭水之滨，周文王姬昌邀其共谋大业的故事。